स्वस्थ बालों

का राज़

सम्पूर्ण भोजन और जीवनशैली गाइड आपकेस्वस्थ बालों केलिए,

ऋतुओ केअनुसार आहार योजना और हेयर केयररेसिपीज केसाथ

ला फॉनसिएर

Eb

emerald books

emerald books

ISBN 9789356599192

La Sorcieur

अनुक्रम

प्रस्तावना

बालों का झड़ना, खराब बाल, स्प्लिट एंड्स और बालों से जुड़ी कई समस्याएं! मैं अपने ब्लॉग पाठकों से बहुत सारे ईमेल प्राप्त कर रही थी, जिनका आग्रह था कि मैं उन शाकाहारी खाद्य पदार्थों के बारे में लिखूं जिन्हें बालों की समस्याओं से निपटने के लिए आहार में शामिल किया जा सके। खराब बाल एक बुरे दिन के बराबर है। चाहे पुरुष हो या महिला, कोई भी इस से अपरिचित नहीं है। एक स्वास्थ्य-जागरूक व्यक्ति होने के साथ-साथ पेशे से एक शोधकर्ता होने के कारण एक छींक भी मुझे यह सोचने पर मजबूर कर देती है कि इसका अंतर्निहित कारण क्या है? मैं मूल कारण पर काम करके समस्या को हल करने में विश्वास करती हूँ क्योंकि जब आप मूल कारणों पर काम करते हैं, तो आप अंतिम परिणाम को प्रभावित कर सकते हैं।

फार्मा क्षेत्र से होने के नाते, हर कोई मुझसे बालों के झड़ने या बालों की अन्य समस्याओं के लिए दवा के बारे में पूछता है। लेकिन मेरा सुझाव है कि, आपके बालों की समस्याओं के लिए दवाएँ आपका अंतिम विकल्प होना चाहिए, जब तक कि आप बड़े पैमाने पर बालों के झड़ने या अन्य गंभीर बालों की समस्याओं से न गुजर रहें हों, क्योंकि ये संकेत अन्य आंतरिक स्वास्थ्य समस्याओं के कारण हो सकते हैं। खाद्य चिकित्सा सबसे अच्छी चिकित्सा है। इस पुस्तक में मैं यह चर्चा करने जा रहीं हूँ कि कैसे सही भोजन विकल्पों और कुछ स्वस्थ आदतों के साथ आपके बालों की अधिकांश समस्याओं को हल किया जा सकता है। जब आप सही बालों के पोषक तत्व खाते हैं और कुछ गुप्त हेयर रूटीन का पालन करते हैं, तो आपको चमकदार, स्मूथ, मजबूत और स्वस्थ बाल मिलते हैं। मैंने इस पुस्तक में कुछ व्यंजनों को भी शामिल किया है; सबसे अच्छी बात यह है कि, इन व्यंजनों का हर एक खाद्य सामग्री आपके बालों के विकास में योगदान देता है। वास्तव में, उनमें से कुछ मेरी मूल रेसिपीज हैं, मैं उन्हें बार-बार बनाती हूं, और वे मेरे नियमित आहार का हिस्सा हैं।

अगर आपने अपने बालों के लिए विभिन्न हेयर ट्रीटमेंट लेने से लेकर इंटरनेट पर ट्रेंडिंग हर हेयर मास्क लगाने तक की सभी कोशिशें की है और फिर भी सोच रहे हैं कि आपके बाल अभी भी स्वस्थ क्यों नहीं हैं? तो ***स्वस्थ बालों का राज़*** पुस्तक आपके लिए है।

ला फॉनसिएर

परिचय

बालों से संबंधित समस्याएं एक ऐसी चीज है जो हर कोई अपने जीवन में किसी न किसी समय पर अनुभव करता है। यह समस्याएं बालों के झड़ने, समय से पहले बालों के सफ़ेद होने या बालों की संपूर्ण गुणवत्ता से संबंधित हो सकती हैं। हमारे बाल कई कारणों से क्षतिग्रस्त हो सकते हैं। हमारी दिनचर्या हमारे बालों के स्वास्थ्य को प्रभावित करती है। हम क्या खाते हैं, हम कैसा महसूस करते हैं, हम अपने बालों की देखभाल कैसे करते हैं, ये सभी कारक हमारे बालों के स्वास्थ्य के साथ-साथ इसके विकास दर को भी प्रभावित करते हैं। अलग-अलग लोगों को बालों की अलग-अलग समस्याएं होती हैं, लेकिन इन समस्याओं के सटीक कारण क्या हैं? क्यों कुछ लोगों के बाल रूखे होते हैं, जबकि अन्य में स्प्लिट एंड्स की समस्याएँ होतीं हैं? क्यों कुछ लोग एक निश्चित लंबाई के बाद अपने बाल नहीं बढ़ा पाते? इनके अंतर्निहित कारण क्या हैं? आप अपने बालों के स्वास्थ्य और इसकी वृद्धि दर को कैसे प्रभावित कर सकते हैं? आप इन समस्याओं से स्थायी रूप से कैसे छुटकारा पा सकते हैं? कैसे आप मुलायम, रेशमी, मजबूत और स्वस्थ बाल पा सकते हैं, जिसके आप हमेशा सपने देखते हैं? इस पुस्तक में इन सभी सवालों के जवाब दिए जाएंगे। जब आप वास्तव में जान जाते हैं कि आप क्या गलत कर रहे हैं, तो आप इस पर काम कर सकते हैं। सतही रूप से अपने बालों की खामियों को छिपाने के बजाय मूल कारणों पर काम करना आपको अपने बालों की समस्याओं का स्थायी समाधान देगा।

यह पुस्तक बताएगी कि कैसे अपने आहार में सही बालों के पोषक तत्वों को शामिल करके और बालों की कुछ सरल देखभाल दिनचर्या का पालन करके, आप अपने बालों की समस्याओं पर नियंत्रण पा सकते हैं, और दुनिया के सबसे स्वस्थ और मजबूत बाल पा सकते हैं। इस पुस्तक में सर्दी, गर्मी और मानसून के मौसम के अनुकूलित जीवनशैली और आहार योजना भी शामिल है। आपको कुछ हेल्दी और स्वादिष्ट रेसिपी भी मिलेंगी जिनमें बालों के स्वास्थ्य के लिए हर अवयव का योगदान है।

यह पुस्तक आपकी सम्पूर्ण हेयर गाइड है जिसे आप हर जगह अपने साथ ले जा सकते हैं। जब भी संदेह हो, तो यह हेयर गाइड खोलें और देखे आपके बालों की समस्या के लिए आपको क्या करने की आवश्यकता है और आप दुनिया को हिलाने के लिए तैयार हैं।

1

बालों के बारे में सब कुछ

1. बालों के बारे में सब कुछ

बालों की संरचना, बालों का रंग, और बालों का विकास

बालों के बारे में सब कुछ - बालों की संरचना, बालों का रंग, और बालों का विकास

आपके बाल आपके लिए क्या मायने रखते हैं? संभवतः यह आपकी सबसे सुन्दर एवं प्रभावशाली सम्पति है! बालों एवं सुंदरता का गहरा रिश्ता है। बाल महिलाओं और पुरुषों की परिभाषित विशेषताओं में से एक हैं। कुछ लोगों के लिए, उनके बाल व्यक्तिगत अभिव्यक्ति का एक रूप होते हैं। आपने देखा होगा कि जिस दिन आपके बाल अच्छे लगते हैं, उस दिन आप बहुत आत्मविश्वास महसूस करते हैं। आपको स्वाभाविक रूप से लगता है कि मैं आज दुनिया जीत सकती हूँ, क्योंकि आज मेरे बाल चमकदार, और अद्‌भुत लग रहे हैं! स्वस्थ बाल आत्मविश्वास को बढ़ावा देते हैं जबकि खराब बाल वास्तव में मूड और उत्साह को ख़राब कर देते हैं।

इस पुस्तक में, मैं बालों से जुड़े सभी कारकों पर चर्चा करूंगी, क्या खाद्य पदार्थ और कारक आपके बालों को सकारात्मक या नकारात्मक रूप से प्रभावित करते हैं, और बालों की समस्याओं के उपाय क्या हैं? लेकिन पहले, आइए देखें कि वास्तव में बाल किससे बने हैं और यह कैसे काम करते है?

बालों की संरचना

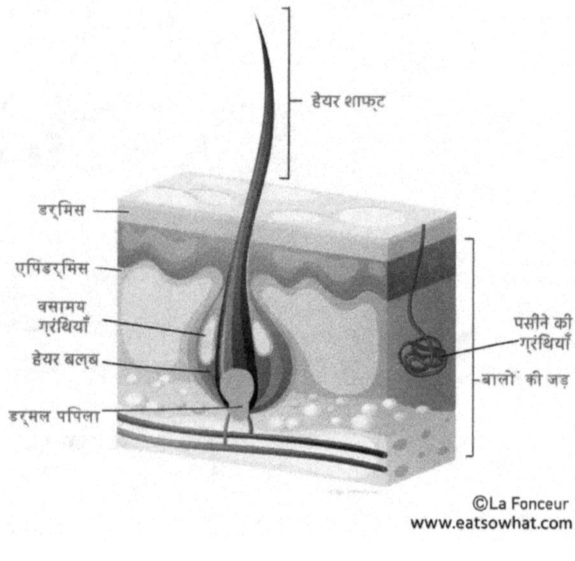

बाल कैरेटिन नामक एक जटिल प्रोटीन से बना होता है।

हेयर फॉलिकल (बालो के रोम)

त्वचा की डर्मिस परत में पाए जाने वाले रोमकूप से बाल उगते हैं; इन रोमों को बालों के रोम कहा जाता है, सरल शब्दों में, त्वचा के नीचे के बालों के हिस्से को हेयर फॉलिकल (बालो के रोम) कहा जाता है।

हेयर शाफ्ट

बालों के जिस भाग को आपकी खोपड़ी (स्कैल्प) के ऊपर देखा जा सकता है, उसे हेयर शाफ्ट कहा जाता है। हेयर शाफ्ट तीन परतों से मिलकर बनता है: क्युटिकल (छल्ली), कोर्टेक्स (प्रांतस्था) और मेड्युला (मज्जा)।

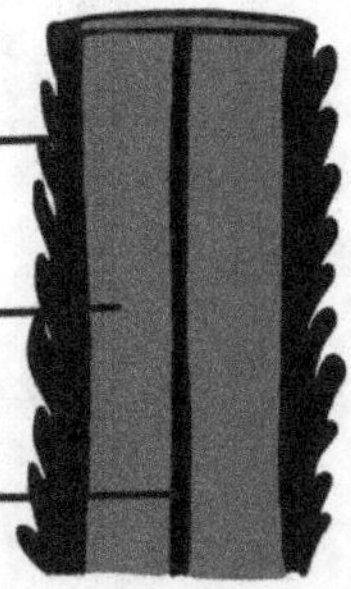

क्यूटिकल (छल्ली): क्युटिकल बालों की बाहरी सबसे सुरक्षात्मक परत होती है जिसमें मछलियों की त्वचा (फिश स्केल) जैसी कोशिकाएं होती हैं जो एक दूसरे पर ओवरलैप करती हैं। ये कोशिकाएं कोर्टेक्स, बालों के आंतरिक संरचना को नुकसान से बचाती हैं। यह हेयर फाइबर की नमी को भी नियंत्रित करती है।

क्युटिकल आपके बालों को चमक देती है और अंदरूनी परतों को नुकसान से बचाती है। हालांकि, अत्यधिक गर्मी, रासायनिक अति-प्रसंस्करण और मौसम परिवर्तन बालों की सुरक्षात्मक छल्ली परत को नुकसान पहुँचा सकते हैं, जिससे बालों की अखंडता प्रभावित होती है।

कोर्टेक्स: मध्य परत, कोर्टेक्स बालों का मुख्य घटक है। इसमें लंबी कैरेटिन चेन होती है जो बालों को घनत्व, मजबूती और इलास्टिसिटी देती है। आपके कोर्टेक्स का स्वास्थ्य मुख्य रूप से इस बात पर निर्भर करता है कि क्युटिकल कितनी अच्छी तरह से इसकी रक्षा कर रही है।

कॉटेक्स में मेलेनिन नामक पिगमेंट होता है। मेलेनिन बालों को अपना प्राकृतिक रंग देने के लिए जिम्मेदार पिगमेंट है। हेयर कलरिंग, रिलैक्सिंग, थर्मल स्टाइलिंग और अन्य आक्रामक उपचारों से कोर्टेक्स परत में अस्थायी या स्थायी बदलाव होते हैं।

बालों के विभिन्न रंगो का कारण

हेयर कोर्टेक्स परत में दो प्रकार के मेलेनिन पाए जाते हैं:

एउमेलेनिन काले और भूरे बालों के रंग के लिए जिम्मेदार है।
फिओमेलेनिन सुनहरे, लाल और पीले बालों के रंग के लिए जिम्मेदार है।

ग्रे या सफेद बाल कोर्टेक्स परत में मेलेनिन पिगमेंट की अनुपस्थिति के कारण होता है, जो उम्र या अन्य कारकों के कारण हो सकता है।

मेडुला: हेयर शाफ्ट की अंतरतम परत, मेडुला एक अनाकार और गोल कोशिका से बना होता है। यह परत आम तौर पर अनुपस्थित होती है, विशेष रूप से सुनहरे और पतले बालों के भीतर और सामान्य रूप से मोटे, और गहरे बालों में मौज़ूद होती है।

यह सब हेयर शाफ्ट के बारे में था, बालों का वह हिस्सा जो आपकी खोपड़ी के ऊपर देखा जा सकता है। अब देखते हैं कि त्वचा के नीचे क्या होता है।

तीव्र जैव रासायनिक और चयापचय गतिविधि जो एपिडर्मिस के नीचे विकसित होती है, बालों के विकास के लिए जिम्मेदार है।

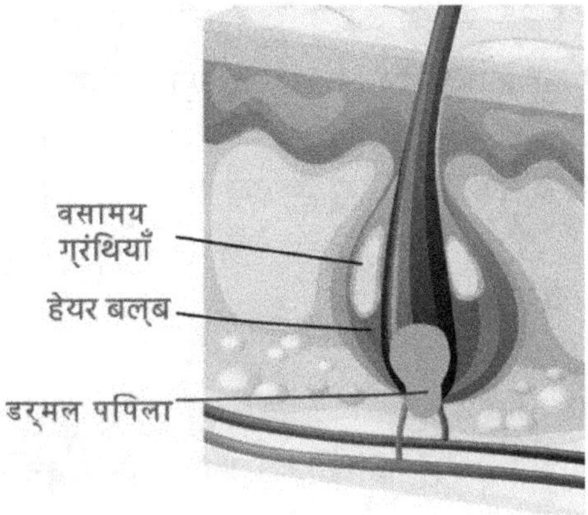

हेयर बल्ब

हेयर बल्ब में स्टेम कोशिकाएं होती हैं जो बालों के शाफ्ट का निर्माण करने वाले नए रोम छिद्रों को विभाजित और विकसित करती हैं। हेयर बल्ब में कोन के आकार का डर्मल पपिला होता है, जिसमे रक्त की आपूर्ति और नसें होती हैं जो कोशिकाओं को पोषण देती हैं और बालों को पोषक तत्व पहुंचाती हैं।

वसामय ग्रंथियाँ (सिबेसियस ग्लैंड्स)

बालों के रोम से जुड़ी सिबेसियस ग्रंथियां या तेल ग्रंथियां एक तैलीय या मोमी स्राव छोड़ती हैं जिसे सीबम (sebum) कहा जाता है जो बालों को चिकना और जलरोधी करता है। सीबम आपके बालों को एक प्राकृतिक चमक देता है और इसे बैक्टीरिया से बचाता है। मोटे बालों में अधिक संख्या में वसामय ग्रंथियां होती हैं।

बालों के विकास का चक्र

अलग-अलग लोगों में बालों की वृद्धि दर अलग-अलग होती है; यह उम्र, बालों के प्रकार और बालों के स्वास्थ्य पर निर्भर करता है। बाल हर महीने औसतन लगभग आधा इंच (1.25 सेमी) बढ़ता है; इसका मतलब है प्रति वर्ष लगभग 6 इंच। हर बाल किसी भी समय विकास चक्र के एक अलग चरण में हो सकता है।

आइए देखें कि ये चरण क्या हैं और ये कितने समय तक चलते हैं।

ऐनाजन (वृद्धि चरण)

अवधि: 2-3 वर्ष (अधिकतम 7 वर्ष)
ऐनाजन बालों के रोम (हेयर फॉलिकल) का सक्रिय वृद्धि चरण है जिसके दौरान बालों की जड़ में कोशिका तेजी से विभाजित होती है, जिससे एक नया बाल बनता है। आमतौर पर 90-95% हेयर फॉलिकल ऐनाजन चरण में होते हैं। बाल इस वृद्धि के चरण में दो से सात साल तक रहते हैं।

कैटजन (परिवर्तनकाल या आवर्ती चरण)

2-3 सप्ताह (लगभग 20 दिन)
कैटजन चरण बालों का एक छोटा परिवर्तनकाल है। यह ऐनाजन चरण के अंत का संकेत देता है, जिसके दौरान विकास रुक जाता है और हेयर फॉलिकल सिकुड़ जाता है, बाहरी जड़ म्यान बालों की जड़ से जुड़ जाता है और डर्मल पपिला से अलग हो जाता है। यह अंत में एक उभार बनाता है, जिसे क्लब हेयर के रूप में जाना जाता है। कैटजेन चरण लगभग 2-3 सप्ताह तक रहता है और सभी बालों का लगभग 1-2% कैटजेन चरण में होता है।

टेलोजन (आराम चरण)

2-3 महीने (लगभग 100 दिन)

टेलोजन चरण वह आराम चरण है जिसके दौरान हेयर फॉलिकल पूरी तरह से आराम में होता है, और हेयर फॉलिकल का अंतिम उत्पाद, क्लब हेयर पूरी तरह से बन जाता है। क्लब हेयर एक मृत, पूरी तरह से केराटिनाइज्ड बाल होता हैं, और यदि आप टेलोजन चरण में एक बाल बाहर निकालते हैं, तो आप इसके जड़ में एक ठोस, सूखे, सफेद उभार को देखेंगे। यह चरण लगभग 100 दिनों तक रहता है, और लगभग 10-14% बाल किसी भी समय टेलोजन चरण में होते हैं।

एक्सोजन (बाल के गिरने का चरण)

इस चरण में खोपड़ी से क्लब हेयर की विदाई की विशेषता है, जिसके परिणामस्वरूप बाल गिर जाता है। एक्सोजन चरण में प्रतिदिन 100-150 बाल झड़ते हैं। कुछ भी जो बालों के विकास चक्र को बाधित करता है, जैसे कि हेयर रिलैक्सिंग, रंग, और अत्यधिक गर्मी के कारण अधिक बाल टेलोजेन चरण में प्रवेश कर सकते हैं, फिर कुछ महीनों में बाल एक्सोजन चरण में प्रवेश करते हैं, और अधिक मात्रा में बाल झड़ते हैं।

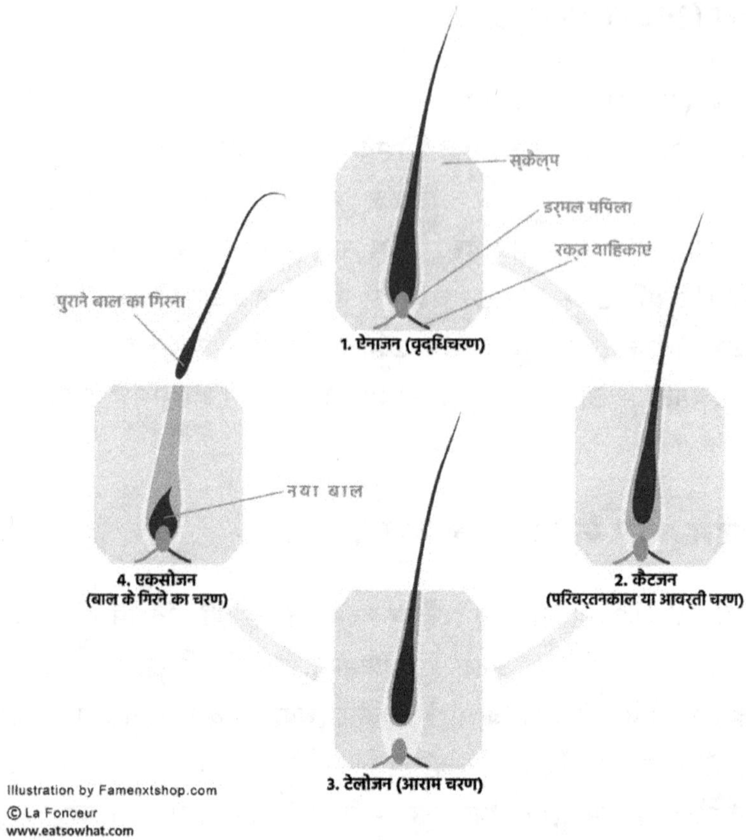
स्कैल्प
डर्मल पपिला
रक्त वाहिकाएं
पुराने बाल का गिरना
1. ऐनाजन (वृद्धिचरण)
नया बाल
4. एक्सोजन
(बाल के गिरने का चरण)
2. कैटजन
(परिवर्तनकाल या आवर्ती चरण)
3. टेलोजन (आराम चरण)
Illustration by Famenxtshop.com
© La Fonceur
www.eatsowhat.com

हेयर ग्रोथ साइकिल

2. स्वस्थ बालों के लिए 10 सबसे महत्वपूर्ण पोषक तत्व

स्वस्थ बालों के लिए 10 सबसे महत्वपूर्ण पोषक तत्व

जी हाँ, बालों के झड़ने की समस्या के साथ साथ बालों की अन्य अधिकांश समस्याओं का हल स्वस्थ आहार हो सकता है। आहार जिसमे पोषक तत्वों की कमी हो वो रूखे, कमजोर और खुरदरे बालों का कारण हो सकता है। खुरदरे और आसानी से टूट जाने वाले बाल आयरन की कमी वाले एनीमिया का संकेत हो सकते हैं। विटामिन बी12 की कमी से समय से पहले बाल सफ़ेद हो सकते है। आपके आहार में प्रोटीन की कमी बालों के झड़ने को बढ़ावा देती है।

अपने आहार में सही पोषक तत्वों के साथ, आप अपने बालों की गुणवत्ता को बेहद प्रभावित कर सकते हैं। स्वस्थ आहार रेशमी, चमकदार, दीप्तिमान, और घने बालों की कुंजी है।

आपके आहार में शामिल करने के बालों के लिए 10 सबसे महत्वपूर्ण पोषक तत्व जो लाभ प्रदान कर सकते हैं:

1. प्रोटीन

स्वस्थ और मजबूत बालों के लिए पर्याप्त प्रोटीन का सेवन आवश्यक है। प्रोटीन बालों के विकास को बढ़ावा देता है क्योंकि बाल ज्यादातर कैरेटिन नामक प्रोटीन से बने होते हैं। प्रोटीन युक्त आहार शरीर को कैरेटिन का उत्पादन करने में मदद करता है, जो बालों की संरचना के लिए मूलभूत है। जब कैरेटिन कमजोर हो जाता है, तो बाल रूखे और कमजोर हो जाते हैं। बालों को झड़ने से रोकने के लिए उच्च प्रोटीन और आयरन युक्त आहार खाना चाहिए।

2. आयरन

आयरन की कमी से एनीमिया हो सकता है, जो पुरुषों या महिलाओं में बालों के झड़ने का एक प्रमुख कारण है। पर्याप्त आयरन के बिना, शरीर लाल रक्त कोशिकाओं में पर्याप्त हीमोग्लोबिन का उत्पादन नहीं कर सकता। हीमोग्लोबिन लाल रक्त कोशिकाओं का मुख्य हिस्सा है और ऑक्सीजन को शरीर में हर कोशिकाओं तक पहुँचाने का काम करता है। रक्त में हीमोग्लोबिन शरीर में कोशिकाओं की मरम्मत और विकास के लिए फेफड़ों से

ऑक्सीजन लेता है, इनमें बालों के विकास को प्रोत्साहित करने और बनाए रखने के लिए जिम्मेदार कोशिकाएं भी शामिल हैं।

विटामिन सी के सेवन से नॉन-हीम आयरन का शरीर में अवशोषण बढ़ जाता है। आयरन के अवशोषण को बढ़ाने के लिए नॉन-हीम आयरन वाले खाद्य पदार्थों को विटामिन सी (उदाहरण के लिए, एक गिलास नींबू का रस, संतरा, या जामुन) के साथ सेवन करें।

एनीमिया से छुटकारा पाने के 10 पावर फूड्स पढ़ें पिछली किताब में ईट सो व्हॉट! द पॉवर ऑफ़ वेजटेरियनिस्म वॉल्यूम 2 (मिनी एडिशन)।

3. विटामिन बी12

विटामिन बी12 या कोबालामिन, पानी में घुलनशील आवश्यक विटामिन में से एक है। विटामिन बी12 की कमी से बाल समय से पहले सफ़ेद हो सकते हैं। विटामिन बी12 डीएनए संश्लेषण में एक सहायक कारक है। फैटी एसिड और अमीनो एसिड के मेटाबोलिज्म के लिए शरीर को विटामिन बी12 की आवश्यकता होती है। यह लाल रक्त कोशिका के उत्पादन में मदद करता है और नए बालों की कोशिकाओं के उत्पादन के लिए जिम्मेदार है। विटामिन बी12 की कमी से एनीमिया हो सकता है, जो बालों के विकास की प्रक्रिया को प्रभावित

करता है और बालों के झड़ने का एक प्रमुख कारण है। अगर आप खाने में विटामिन बी12 का सेवन बढ़ा दे तो विटामिन बी12 की कमी के कारण होने वाली बालों की समस्या जैसे समय से पहले बाल सफ़ेद होना या बाल गिरना को रोका एवम इसका असर पलटा जा सकता है।

शाकाहारियों के लिए विटामिन बी12 की कमी से बचने के शीर्ष 10 खाद्य पदार्थ पढ़ें पिछली किताब में ईट सो व्हॉट! द पॉवर ऑफ़ वेजटेरियनिस्म वॉल्यूम 2 (मिनी एडिशन)।

4. विटामिन डी

शोध से पता चलता है कि जिन लोगों के बाल झड़ने की समस्या नहीं है, उनकी तुलना में बालों के झड़ने की समस्या वाले लोगों में विटामिन डी का स्तर बहुत कम होता है। विटामिन डी की कमी से बालों के झड़ने और बालों की अन्य समस्याएं हो सकती हैं। विटामिन डी नए और पुराने हेयर फॉलिकल्स को बढ़ने के लिए उत्तेजित करता है।

अगर शरीर में पर्याप्त मात्रा में विटामिन डी न हो तो बालों का विकास रुक सकता है। त्वचा को सूर्य के प्रकाश के पराबैंगनी किरणों (अल्ट्रावॉइलेट रेज़) के

संपर्क में ला कर विटामिन डी का शरीर द्वारा संश्लेषित किया जा सकता है। प्रतिदिन सुबह-सुबह 10-15 मिनट धूप में निकलें।

5. ओमेगा-3 फैट्स

ओमेगा-3 फैट्स सूजन और शुष्क परतदार सिर की त्वचा को कम करते हैं, बालों को पोषण देते हैं, और स्वस्थ बालों को बढ़ावा देते हैं। शरीर में ओमेगा-3 फैटी एसिड्स की कमी से रूखे, अपारदर्शी और कमजोर बाल हो सकते हैं, जो रूसी का कारण बन सकते हैं। ओमेगा-3 फैट्स हेयर फॉलिकल्स को मॉइस्चराइज करते है जो आपके बालों में इलास्टिसिटी, और चमक देता हैं।

ओमेगा-3 और ओमेगा-6 फैटी एसिड्स से भरपूर आहार बालों का झड़ना कम करते हैं और बालों का घना बनाते हैं।

6. जिंक

टिश्यू की मरम्मत और बालों के विकास में जिंक एक महत्वपूर्ण भूमिका निभाता है। एलोपेसिया (गंजापन) जिंक की कमी का संकेत है।, डायहाइड्रोटेस्टोस्टेरोन हार्मोन गंजेपन के लिए जिम्मेदार है, जिंक टेस्टोस्टेरोन के डायहाइड्रोटेस्टोस्टेरोन (DHT) हार्मोन में परिवर्तन को रोकता है। जिंक सीबम का उत्पादन करने के लिए भी आवश्यक है, जो सिर द्वारा स्रावित प्राकृतिक तेल है जो बालों को रेशमी रखने और बालों के रोम को मजबूत करने में मदद करता है। जिंक की कमी से बाल ड्राई हो सकते हैं और यहां तक कि बालों का झड़ना भी हो सकता है। बीन्स और दाल जिंक के अच्छे स्रोत हैं। इनको हमेशा रात में भिगो के ही खाये क्योंकि इनमे फाइटिक एसिड होता है जो जिंक के अवशोषण को कम करता है। इन खाद्य पदार्थों को भिगोने से उनमें मौजूद फाइटिक एसिड कम हो जाते हैं।

7. बायोटिन

बायोटिन पानी में घुलनशील विटामिन B7 है और इसे विटामिन H या कोएंजाइम R के नाम से भी जाना जाता है। बालों का झड़ना और बालों का

पतला होना बायोटिन की कमी के लक्षण हैं। बायोटिन एक कोएंजाइम है जो कार्बोहाइड्रेट और वसा के मेटाबोलिज्म में शामिल एंजाइम गतिविधि को बढ़ाता है, बालों के टिश्यू के विकास को प्रभावित करता है। बायोटिन प्रोटीन संश्लेषण में शामिल एमिनो एसिड्स को प्रभावित करता है, जो आपके बालों के स्वास्थ्य में मदद करते है। बायोटिन बालों के विकास को प्रभावित करता हैं और आपके बालों को मोटाई और मजबूती प्रदान करता हैं।

8. सेलेनियम

सेलेनियम एक आवश्यक ट्रेस तत्व है जिसका अर्थ है कि शरीर इसे संश्लेषित नहीं कर सकता है, इसलिए आपको इसे आहार स्रोत के माध्यम से ही लेना होगा। 35 से अधिक प्रोटीन के संश्लेषण में सेलेनियम एक महत्वपूर्ण भूमिका निभाता है। सेलेनियम की कमी बचपन या प्रारंभिक वयस्कता के दौरान बालों के झड़ने के कारणों में शामिल है। सेलेनियम युक्त खाद्य पदार्थ खाने से समय से पहले होने वाले सफ़ेद बाल, रूसी और सूखी खोपड़ी में सुधार होता है और स्वस्थ बालों के विकास को बढ़ावा मिलता है। सेलेनियम स्रोत: बीन्स, मशरूम, नट्स, और सीड्स।

9. विटामिन ई

विटामिन ई सिर की त्वचा के स्वास्थ्य को बनाए रखने के लिए जिम्मेदार है। इसमें प्राकृतिक एंटीऑक्सिडेंट प्रभाव होते हैं जो फ्री रेडिकल्स से लड़ते हैं। यह इंफ्लामेशन (प्रदाह) को कम करता है जो हेयर फॉलिकल्स के टूटने का कारण है, अतः बालों को झड़ने से रोकता हैं, और बालों के स्वास्थ्य को बनाए रखता है। विटामिन ई बालों में नमी बनाए रखता है, और आपको चमकदार, मजबूत, स्वस्थ बाल देता है।

10. विटामिन ए

स्वस्थ बालों के लिए विटामिन ए आवश्यक है। विटामिन ए बालों की कोशिकाओं की मरम्मत के लिए आवश्यक है। विटामिन ए त्वचा की ग्रंथियों को सीबम का उत्पादन करने में भी मदद करता है। सीबम वो प्राकृतिक तेल है जो सिर की त्वचा (स्कैल्प) को नमीयुक्त और बालों को स्वस्थ रखने के लिए जिम्मेदार है। यह विटामिन बालों को पोषण देता है, बालों के विकास को प्रोत्साहित करता है और शुष्क, भंगुर बालों को रोकता है। हालांकि, विटामिन ए की बहुत अधिक मात्रा बालों के झड़ने में योगदान कर सकती है।

निष्कर्ष

खराब आहार समग्र बाल स्वास्थ्य को प्रभावित करता है। बालों के लिए महत्वपूर्ण पोषक तत्वों की कमी से बाल टूटने की समस्या और पतले बाल पैदा हो सकते हैं। समय से पहले बाल सफ़ेद होना और बालों का झड़ना एनीमिया, विटामिन बी12 एवं विटामिन डी की कमी, शरीर में कम सेलेनियम और जिंक के स्तर का संकेत हो सकता है। अगर आप कमी वाले विटामिन और खनिजों का सेवन बढ़ा दें तो पोषक तत्वों की कमी से झड़ने वाले बाल प्रतिवर्ती हैं।

3. बालों के लिए 10 सबसे खराब खाद्‌य पदार्थ जिनसे आपको बचना चाहिए

बालों के लिए 10 सबसे खराब खाद्‌य पदार्थ जिनसे आपको बचना चाहिए

आपके बालों को बेहतरीन दिखने के लिए अच्छे शैम्पू और कंडीशनर के अल्वा कहीं अधिक देखभाल की आवशयकता होती है। आप जो भी खाते हैं उससे आपके बाल प्रभावित होते हैं। आपके बाल बताते हैं कि

आप अपने शरीर को कितना अच्छा या खराब आहार दे रहे हैं। खराब आहार से बालों को नुकसान हो सकता है या आपके बाल रूखे, कमजोर और पतले हो सकते हैं। बेशक, कई अन्य जीवनशैली विकल्प जैसे धूम्रपान करना और बालों में तेल लगाना भी आपके बालों के स्वास्थ्य को प्रभावित करने में एक महत्वपूर्ण भूमिका निभाते हैं, लेकिन पोषक तत्वों से भरपूर खाद्य पदार्थ खाने से और जो बालों को नुकसान पहुँचाये उनसे बचने से, आप अपने बालों के विकास, घनत्व और उसके चमक को प्रभावित कर सकते हैं।

नीचे दिए बालों के लिए 10 सबसे खराब खाद्य पदार्थों से आपको बचना चाहिए:

1. चीनी

चीनी आपके बालों के लिए अच्छी नहीं है; यह इन्फ्लामेशन को बढ़ावा देता है। ज्यादा चीनी का सेवन रक्त शर्करा के स्तर को बढ़ाता है, जिससे इंसुलिन और एण्ड्रोजन की एक स्पाइक बनती है, जो बालों के रोम से बंधती है और संभवतः बालों के झड़ने में तेजी लाती है। इसका मतलब यह नहीं है कि आपको चीनी पूरी तरह से बंद करने की आवश्यकता है; यह आमतौर पर उन लोगों में देखा जाता है, जिनमें लंबे समय तक इंसुलिन का उच्च स्तर होता है। लंबे समय तक, जब ज्यादा चीनी का

सेवन लगातार इन्फ्लामेशन को बढ़ाता है, तो इससे प्रतिरक्षा प्रणाली प्रभावित होती है जो समग्र रूप से बालों के स्वास्थ्य को प्रभावित करता है। यदि आप मीठे के शौकीन हैं तो अपने आहार में ताज़े फलों को शामिल करें क्योंकि वे आपके मीठे की लालसा को पूरा करने के साथ-साथ आपके शरीर को पोषण देते हैं।

2. शराब

स्पिरिट, बीयर और वाइन सहित कोई भी मादक पेय जिंक के मेटाबोलिज्म में हस्तक्षेप करता है और शरीर में जिंक के स्तर में कमी का कारण बनता है। जिंक एक महत्वपूर्ण खनिज है जो आपके बालों के विकास में महत्वपूर्ण भूमिका निभाता है। जब शरीर में जिंक का स्तर बहुत कम होता है, तो इससे बालों का विकास रुक जाता है, और बालों का गिरना शुरू हो जाता है। शराब आपको डीहाइड्रेट करती है और आपके बालों को भी रुखा, कमजोर और टूटने के लिए अधिक प्रवण बनाती है।

3. स्टार्चयुक्त भोजन

केक, व्हाइट ब्रेड, और पास्ता जैसे खाद्य पदार्थों में स्टार्च होता है। संसाधित स्टार्च शरीर में चीनी में जल्दी से टूट जाते हैं और बालों के पतले होने का कारण बनते हैं। शोध से यह भी पता चला है कि

स्टार्चयुक्त भोजन एण्ड्रोजन के स्तर को बढ़ा सकता है, विशेष रूप से एक एंड्रोजेन जिसे डायहाइड्रोटेस्टोस्टेरोन (DHT) कहा जाता है, जो बालों के विकास चक्र को छोटा कर सकता है और हेयर फॉलिकल्स को पतला बना सकता है। इसलिए, इस तरह के खाद्य पदार्थ केवल अल्प मात्रा में खाने चाहिए और जब भी संभव हो चोकरयुक्त गेहूं खाने चाहिए।

4. नमक

नमक का सेवन मध्यम मात्रा में करना चाहिए। अत्यधिक मात्रा में नमक लेने के दुष्प्रभाव न केवल गुर्दे की समस्याओं और उच्च रक्तचाप तक सीमित हैं, बल्कि यह आपके बालों पर भी कहर बरपा सकता है।

नमक को बालों के लिए हानिकारक माना जाता है क्योंकि इसमें सोडियम होता है जिसका अपना दुष्प्रभाव है। इसलिए, हमेशा कम सोडियम और कम नमक वाले आहार का विकल्प चुनें। आपको समुद्री नमक का सेवन करना चाहिए जो नमक का दूसरा रूप है जिसमें 26 खनिज होते हैं जो आपके बालों को बेहतर चमक, मोटाई और ताकत देते हैं क्योंकि यह स्कैल्प में रक्त परिसंचरण को तेज करते हैं जो बालों के विकास को बढ़ाते हैं।

5. डाइट सोडा

डाइट सोडा में एसपारटेम जैसे कृत्रिम स्वीटनर होते हैं, जो आपके बालों के लिए अच्छा नहीं है। एसपारटेम बालों के झड़ने का कारण बन सकता है। न केवल बालों के लिए बुरा है, बल्कि एस्पार्टेम अवसाद, गठिया, नपुंसकता और सूजन का भी कारण बन सकता है। इस तरह के पेय से पूरी तरह दूर रहने से आपके बाल चमकदार और स्वस्थ रहेंगे। आप हाइड्रेटेड रहने के लिए डाइट सोडा से प्राकृतिक स्वस्थ पेय पर स्विच कर सकते हैं।

6. जिंक और आयरन की कमी

जिंक बालों के विकास और मरम्मत में महत्वपूर्ण भूमिका निभाता है। जिंक डीएचटी हार्मोन को रोकता है, डीएचटी गंजेपन (एलोपेसिया) का कारण बनता है। जिंक सीबम का उत्पादन करने के लिए भी आवश्यक है, जो खोपड़ी द्वारा स्रावित प्राकृतिक तेल है जो बालों को स्वस्थ रखने और बालों के रोम को मजबूत करने में मदद करता है। जिंक की कमी से बाल रूखे हो सकते हैं और यहां तक कि बालों का झड़ना भी शुरू हो सकता है।

आयरन की कमी का मतलब है कि आपका शरीर आपके रक्त में पर्याप्त हीमोग्लोबिन का उत्पादन नहीं कर सकता है। यह लाल प्रोटीन कोशिकाओं के विकास और मरम्मत के लिए रक्त में ऑक्सीजन के परिवहन के लिए जिम्मेदार होता है, जिसमें वो कोशिकाएं भी शामिल हैं जो बालों के विकास को प्रोत्साहित करती हैं। आयरन की कमी से बाल झड़ सकते हैं।

7. अपर्याप्त प्रोटीन

स्वस्थ और मजबूत बालों के लिए पर्याप्त प्रोटीन का सेवन महत्वपूर्ण है। प्रोटीन बालों के विकास को बढ़ावा देता है क्योंकि बालों के रोम प्रोटीन

कैरेटिन से बने होते हैं। कैरेटिन आपके बालों को स्वस्थ रखने में मदद करता है। प्रोटीन युक्त आहार शरीर को कैरेटिन का उत्पादन करने में मदद करता है, जो बालों की संरचना के लिए मूलभूत है। जब कैरेटिन कमजोर हो जाता है, तो बाल रूखे और कमजोर हो जाते हैं।

8. चिकना भोजन

खाद्य पदार्थ जो सैचुरेटेड फैट और ट्रांस फैट में उच्च हैं, न केवल धमनियों को रोक सकते हैं, यहां तक कि आपकी सिर पर पसीने के छिद्रों को बंद कर सकते हैं और तैलीय बाल भी पैदा कर सकते हैं। जैसे ही सिर के छिद्र बंद हो जाते हैं, हानिकारक हार्मोन अंदर ही फंसे रह

जाते हैं, जो बालों के झड़ने के तंत्र को ट्रिगर करते हैं। उन खाद्य पदार्थों से बचें जिनमे सैचुरेटेड फैट अधिक होता है जैसे कि हार्ड मार्जरीन, मक्खन, और तले हुए खाद्य पदार्थ।

9. विटामिन ए की अधिकता

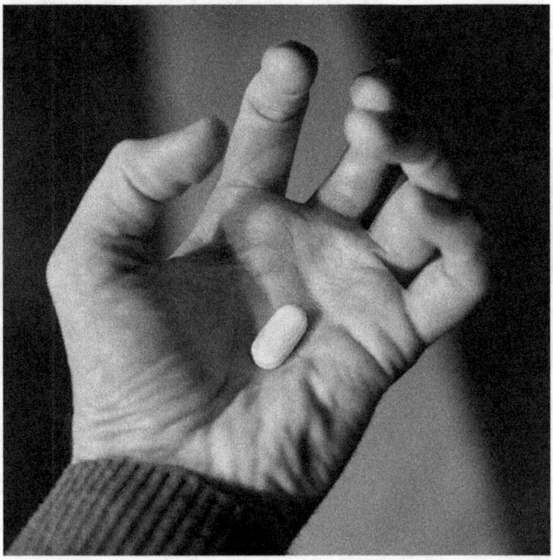

हालांकि विटामिन ए वसामय ग्रंथियों को सीबम का उत्पादन करने में मदद करता है, जो प्राकृतिक तैलीय पदार्थ है जो खोपड़ी को मॉइस्चराइज़ करता है और बालों को स्वस्थ रखने में मदद करता है। लेकिन विटामिन ए की अधिकता बालों के झड़ने का कारण बन सकती है, और हेयर फॉलिकल्स के लिए टॉक्सिक हो सकती है। शरीर में अत्यधिक विटामिन ए वसामय ग्रंथियों को सिकोड़ सकती हैं; परिणामस्वरूप, वसामय ग्रंथिया उतने तेल का उत्पादन नहीं करेंगी जितना बालों को कोट करने और उन्हें चमकदार और स्वस्थ बनाने के लिए आवश्यक है।

इसका मतलब यह नहीं है कि आपको गाजर खाना बंद कर देना चाहिए क्योंकि शरीर में विटामिन ए की अधिकता के लिए करीब लाखों गाजर

लगेंगे, यह आमतौर पर उन लोगों में देखा जाता है जो बहुत से विटामिन सप्लीमेंट लेते हैं, जो बालों को नुकसान पहुँचा सकते हैं।

10. कार्बोनेटेड पेय

कार्बोनेटेड पेय अत्यधिक एसिड बनाने वाले होते हैं। उन्हें अत्यधिक चीनी से भी भरा जाता है, जो रक्त शर्करा के स्तर को बढ़ाता है। कई अध्ययन अतिरिक्त रक्त शर्करा और पुरुष पैटर्न गंजेपन के बीच की कड़ी को दर्शाते हैं। जितना हो सके कार्बोनेटेड पेय से बचने की सलाह दी जाती है।

निष्कर्ष

चमकदार, मजबूत और स्वस्थ बाल कौन नहीं चाहता? आपके बालों को संपूर्ण पोषण की आवश्यकता होती है। अस्वास्थ्यकर आहार से बाल रूखे, कमज़ोर, और बेजान हो सकते हैं। जब शरीर को प्रोटीन, बायोटिन, जिंक, आयरन, और अन्य पोषक तत्व आहार से नहीं मिलता है, तो इसका परिणाम बालों का झड़ना हो सकता है। अगर आप बालों के झड़ने की समस्या का सामना कर रहे हैं, तो अपने आहार पर ध्यान दें, आपने लगभग दो से तीन महीने में क्या खाया? क्या आपके आहार में प्रोटीन

की कमी है? या फिर आयरन, एवं जिंक की कमी है? या हो सकता है कि आपका आहार अस्वास्थ्यकर खाद्य पदार्थों से भरा हो जो पोषण रहित है और आपके बालों के स्वास्थ्य को नुकसान पहुँचा रहा है। कुछ महीनों के लिए इन अस्वास्थ्यकर खाद्य पदार्थों पर प्रतिबंध लगाने के साथ-साथ अपने आहार में अधिक पौष्टिक भोजन शामिल करने से आपको अपने चमकदार और घने बाल वापस मिल सकते हैं।

4. 10 रोजमर्रा की ख़राब आदतें जो बालों को नुकसान पहुँचाती हैं

10 रोजमर्रा की ख़राब आदतें जो बालों को नुकसान पहुँचाती हैं

कभी-कभी हम अपने दिनचर्या में अनायास ही ऐसे काम करते हैं, जो वास्तव में हमारे बालों के स्वास्थ्य को नुकसान पहुँचाते हैं। आपके बालों का स्वास्थ्य इस बात पर निर्भर करता है कि आप अपनी देखभाल कितनी अच्छी तरह से करते हैं। जीवनशैली के कई पहलू, जैसे आपके द्वारा खाए जाने वाले भोजन से लेकर आपके बालों के स्टाइल तक आपके बालों की गुणवत्ता को प्रभावित कर सकते हैं। हालाँकि कुछ स्वास्थ्य समस्याओं, दवा, तनाव और आनुवांशिकी का हमारे बालों के स्वास्थ्य से सीधा संबंध है, लेकिन रोजमर्रा की ऐसी कई बुरी आदतें हैं जो आपके बालों पर कहर बरपा सकती हैं।

जानिये वो 10 रोजमर्रा की ख़राब आदतें जो बालों को नुकसान पहुँचाती हैं:

1. गीले बालो को झाड़ना

जब आपके बाल गीले होते हैं, तो वो सूज जाते हैं और अपनी ताकत खो देते है, जिससे कम दबाव में भी बाल टूटने लगते हैं। आपके गीले बाल सूखे बालों की तुलना में अधिक कमजोर होते हैं। गीले बालों को महीन दांतों वाली कंघी से ब्रश करने से बाल जड़ से टूट सकते हैं।
अतिरिक्त सुरक्षा के लिए, शैम्पू के बाद कंडीशनर लगाकर बालों के स्ट्रैंड्स के बीच के घर्षण को कम करें, जिससे आसानी से ब्रश किया जा सके। अपने बालों को प्राकृतिक रूप से सूखने दें, और सूखने पर ही कंघी करें।

2. हॉट शावर लेना

हम सभी गर्म स्नान का आनंद लेते हैं, खासकर जब मौसम ठंडा होता है। कोई शक नहीं, गर्म स्नान तुरन्त हमें बहुत अच्छा और आराम महसूस कराता है, लेकिन, यह आपके बालों के लिए अच्छा नहीं है। अत्यधिक गर्म पानी से अपने बालों को धोने से बचें। गर्म पानी से सिर

में अस्थायी सूजन हो सकती है और आप दर्द और त्वचा की लालिमा का अनुभव कर सकते हैं और साथ ही यह आपकी सिर से प्राकृतिक तेलों को हटाकर आपके सिर को डीहाइड्रेट कर देता है। गर्म स्नान के बाद आखिर में हमेशा ठंडे पानी से सिर धोए; अन्यथा, आपके कमजोर बालों की किस्में टूटने लग सकती हैं।

3. सूर्य का ओवरएक्सपोजर

आपकी त्वचा की तरह, आपके बालों को भी कठोर यूवीए और यूवीबी किरणों से सुरक्षा की आवश्यकता होती है। यदि आपके बाल लंबे समय तक धूप में रहते हैं, तो यूवीए और यूवीबी किरणें हेयर क्यूटिकल (बालों के शाफ्ट का सबसे बाहरी हिस्सा) को नुकसान पहुँचा सकती हैं, और आपके बालों को डीहाइड्रेट कर सकती हैं। आपके बालों के रंग, रूप और बनावट में बदलाव सूरज की क्षति के संकेत हो सकते हैं। क्षतिग्रस्त बालों में रुखापन, स्प्लिट एंड्स, घुंघरालापन, पतलापन और कमजोर किस्में होती हैं। ऐसे शैम्पू का उपयोग करें जो यूवी संरक्षण देता हो और स्प्लिट एंड्स से छुटकारा पाने के लिए अपने बालों को छंटनी कराते रहे।

4. बालों को कसकर बांधना

जब आप अपने बालों को बहुत कसकर बाँधते हैं, तो इलास्टिक बालों पर बहुत अधिक दबाव डालता है, और लगातार खिंचाव से आपके बालों की किस्में टूट सकती हैं, जो लंबे समय में आपके हेयर फॉलिकल्स को

नुकसान पहुँचाता है। इसके परिणामस्वरूप ट्रैक्शन एलोपेसिया हो सकता है, जो गंजेपन का एक रूप है, या फिर धीरे-धीरे बाल झड़ सकते हैं, जिसका मुख्य कारण, बालों के खिंचाव से पड़ने वाला दबाव है। क्षति से बचने के लिए बालों को ऐसे बैंड से बांधें जो कपड़े से ढका हों और जब आपको अपने बालों को चेहरे से हटाने की आवश्यकता हो तो बॉबी पिन या हेयर क्लिप का उपयोग करें।

5. बालों के उपचार के बाद भी अपने नियमित बालों के उत्पादों का उपयोग करना

अगर आपने बालों का उपचार जैसे हाइलाइट या कैरेटिन उपचार करवाया है, तो आपको अपने नियमित शैम्पू या कंडीशनर का उपयोग नहीं करना चाहिए। आपके नियमित शैम्पू में सोडियम लॉरिल सल्फेट (एसएलएस) जैसे कठोर रसायन होते हैं जो प्राकृतिक तेलों और बालों के प्रोटीन को नष्ट कर देते हैं, इसके अलावा इसमें सोडियम क्लोराइड (नमक) होता है जो स्वभाव से अपघर्षक होता है। आपके उपचारित बाल उचित शैम्पू और कंडीशनर के साथ स्वस्थ दिखेंगे और लंबे समय तक रहेंगे।

6. बालों को बार-बार धोना

हर दिन अपने बालों को धोने से पानी के साथ बालों का सीबम भी निकल जाता है, सीबम वो प्राकृतिक तेल है जो वसामय ग्रंथियों द्वारा स्रावित होता है। सीबम बालों को मॉइस्चराइज रखता है और इसकी कमी से बाल रूखे, शुष्क और बेजान हो सकते हैं। मॉइस्चराइज्ड बाल स्वस्थ और चमकदार दिखते हैं, और उनके टूटने और रूखे या शुष्क दिखने की संभावना कम होती है। यदि आपके बाल रूखे हैं, तो आपको सप्ताह में अधिकतम दो बार शैम्पू करना चाहिए।

7. गीले बालों को सख्ती से तौलिये से सुखाना

गीले बाल कमजोर होते हैं और इनके टूटने की संभावना अधिक होती है। अपने गीले बालों को सूती या टेरी क्लॉथ तौलिये के जोर से रगड़ने से घर्षण होता है, जिससे बालों का अधिक टूटना और बाल झड़ना शुरू हो सकता हैं। आपके गीले बालों को सुखाने के लिए प्राकृतिक हवा में सुखाना सबसे स्वास्थ्यवर्धक तरीका है। जोर से रगड़ने के बजाय, एक

माइक्रोफ़ाइबर तौलिया से अपने बालों को निचोड़ें। माइक्रोफ़ाइबर तौलिए सुपर अब्सॉर्बेंट होते हैं और उन्हें ज़्यादा रगड़ने की ज़रूरत नहीं होती है।

8. बालों को अत्यधिक गर्म करना

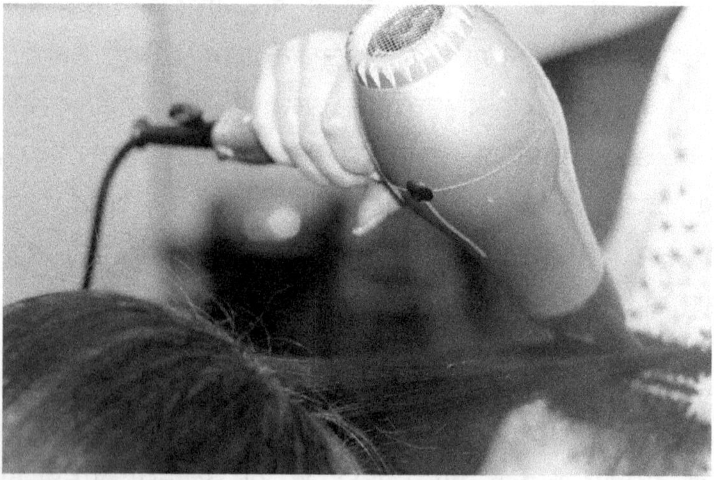

हालाँकि गीले बालों के टूटने का खतरा अधिक होता है, लेकिन इसका मतलब यह नहीं है कि आप हर बार अपने बाल ब्लोअर से सुखाए। अपने बालों को प्राकृतिक रूप से सूखने दें। उच्च तापमान पर ब्लो ड्रायर का उपयोग करना या गर्म स्ट्रेटनर का उपयोग करना या हर दिन अपने

बालों को कर्ल करना, आपके बालों को डीहाइड्रेट करता है, जिससे बाल रूखे और बेजान हो जाते हैं। इन उपकरणों का उच्च तापमान आपके बालों के तंतुओं को कमजोर करता है। इस तरह के उपकरणों का उपयोग करते समय अपने बालों को अत्यधिक गर्म करने से बचें और स्प्रे-इन हीट प्रोटेक्टर का उपयोग करें।

9. रसायन का अत्यधिक प्रयोग

अपने बालों को बार-बार डाई, पर्म या ब्लीच न करें। लगातार डाई, पर्म या ब्लीच से आप अपने बालों में बहुत सारे रसायन डालते हैं। स्थायी बालों के रंगों में कठोर रसायन होते हैं, जैसे कि अमोनिया, जिससे बाल कमजोर और टूट सकते हैं। यदि आप रासायनिक प्रक्रियाओं का ओवरडोज करते हैं तो आपकी खोपड़ी जल भी सकती है। बालों के रासायनिक उपचार जैसे कि डाई, और पर्म के बीच समय बढ़ाएं। हमेशा अपने हेयरड्रेसर को किसी भी पिछले उपचार के बारे में अग्रिम रूप से सूचित करें ताकि वे आपके बालों के लिए सबसे अच्छा और सुरक्षित उपचार चुन सकें।

10. अपने बालों को बार बार छूना

अपने बालों के साथ खेलना फ़्लर्ट का एक तरीका हो सकता है, लेकिन इसे ज़्यादा करना आपके बालों के स्वास्थ्य को नुकसान पहुँचा सकता है।

अगर आपको दिन भर अपने बालों को नियमित रूप से छूने की बुरी आदत है, तो आपको इसे नियंत्रित करने की आवश्यकता है। आपके हाथ पूरे दिन बहुत सी चीजों को छूते हैं; वे गंदगी और तेल जमा करते हैं। अगर आप अपने बालों को बार बार छूते हैं, तो आपकी उंगलियों की गंदगी और तेल आपके बालों के प्राकृतिक तेलों के साथ मिक्स हो जाती है, और प्राकृतिक तेलों को चुरा लेते हैं जिससे आपके बाल रूखे और फ्रिज़ी हो जाते हैं, और आसानी से टूट जाते हैं।

निष्कर्ष

कुछ सावधानियों के साथ जैसे कि यूवी प्रोटेक्टेंट शैम्पू का उपयोग करना, अत्यधिक गर्म पानी की बौछार से बचना, और बालों के उपचार के बीच का समय बढ़ाने से, साथ ही अपने बालों को संभालने के तरीके में बदलाव करने से जैसे सूती तौलिये के बजाय माइक्रोफ़ाइबर तौलिये का उपयोग करना, और बालों के सूखने पर कंघी करने से आप मजबूत, चमकदार और स्वस्थ बाल पा सकते हैं। इसलिए, बालों की बुरी आदतों को अलविदा कहें, और आपका फिर कभी बैड हेयर डे नहीं होगा।

5. मुलायम, रेशमी, मजबूत और स्वस्थ बालों के लिए 10 अच्छी आदतें

मुलायम, रेशमी, मजबूत और स्वस्थ बालों के लिए 10 अच्छी आदतें

आपके बाल कितने रेशमी, मजबूत और स्वस्थ हैं ये विभिन्न कारकों पर निर्भर करता है। यह सब इस बात पर निर्भर करता है कि आप अपने बालों की कितनी अच्छी देखभाल करते हैं। हम सभी मजबूत और स्वस्थ बाल चाहते हैं, लेकिन इसके लिए उचित देखभाल और पोषण की आवश्यकता होती है। सिर्फ कुछ सरल स्वस्थ आदतों का पालन करके आप वैसे बाल पा सकते हैं जसका आप हमेशा सपना देखते हैं।

सही पोषक तत्वों से भरपूर आहार खाने से ले कर अपने बालों को नियमित रूप से तेल लगाने तक, यहाँ कुछ सरल स्वस्थ आदतों के बारे

में बताया जा रहा है जिनका उपयोग आप बालों के विकास को प्रोत्साहित करने और इन्हे रेशमी, मजबूत और स्वस्थ बनाने के लिए कर सकते हैं।

1. हर दो से तीन महीने में अपने बालों को ट्रिम करवाएं

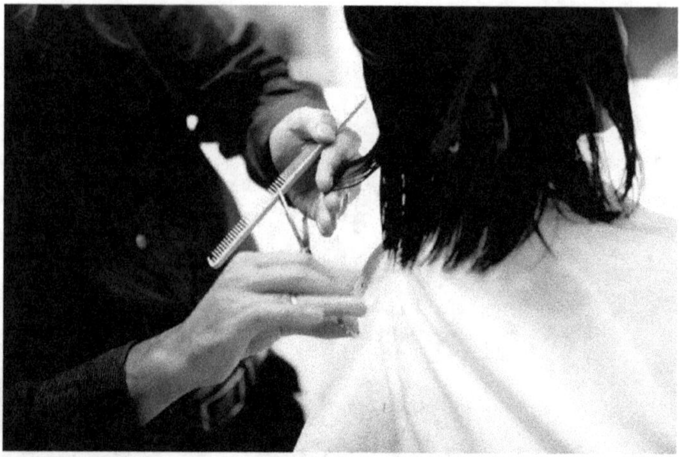

बाल कटाने से बालों के स्वास्थ्य को बनाए रखने में मदद मिलती है। हालांकि यह आखिरी बात लगती है, जब आप अपने बालों को बढ़ाने की कोशिश कर रहे हो, मगर जब आप अपने बालों को हर दो से तीन महीनों में ट्रिम करवाते हैं, तब असल में आप स्प्लिट एंड्स और क्षतिग्रस्त बालों से छुटकारा पाते हुए बालो के विकास को प्रोत्साहित करते हैं। ट्रिमिंग सुनिश्चित करता है कि कम से कम स्प्लिट एंड्स और ब्रेकेज हो और आपके बाल स्वस्थ बने रहें।

2. प्रतिदिन कंघी करें

हर दिन कंघी करना आपके बालों के लिए अच्छा है। बालों के विकास को प्रोत्साहित करने के लिए वुडेन-ब्रिसल ब्रश (लकड़ी के दांतो वाली कंघी) के साथ हर दिन अपनी खोपड़ी की मालिश करें। वुडेन-ब्रिसल ब्रश द्वारा लागू दबाव हेयर फॉलिकल्स के रक्त परिसंचरण को सक्रिय करता है,

और बालों की जड़ों को अधिक पोषक तत्व प्रदान करता है, खोपड़ी की स्थिति और बालों के विकास को उत्तेजित करता है।

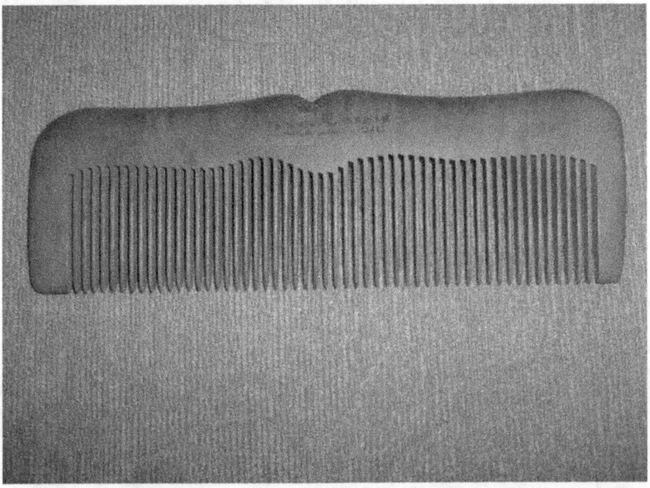

3. सल्फेट-फ्री शैम्पू का इस्तेमाल करें

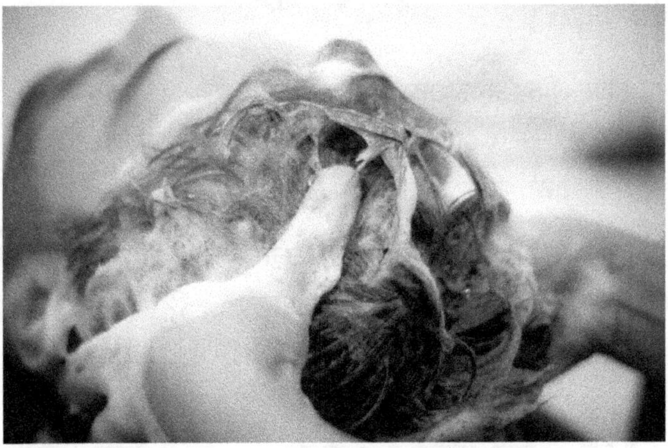

सोडियम लॉरिल सल्फेट और सोडियम डोडेसिल सल्फेट कई सुपरमार्केट में मौजूद शैम्पुओं में पाए जाने वाला सामान्य फोमिंग (झाग बनाने वाला) एजेंट हैं। ये हानिकारक एजेंट हैं जो प्रकृति में कठोर हैं। सल्फेट्स की उच्च सांद्रता का लगातार उपयोग बालों के प्राकृतिक नमी और प्रोटीन

को दूर करने से जुड़ा हुआ है। यदि आप सप्ताह में तीन बार शैम्पू करते हैं, तो सल्फेट मुक्त शैम्पू का उपयोग कम से कम तीन में से एक बार करें। सल्फेट फ्री शैम्पू आपके बालों को नुकसान से बचाकर मजबूत बनाता है।

4. तनाव ना लें

आपने पाया होगा कि आप अपने खूबसूरत बालों को खोना शुरू कर देते हैं, जिस पल आप तनाव महसूस करते हैं। आराम करें! आपके बालों के लिए तनाव से ज्यादा खतरनाक कुछ नहीं हो सकता।

उच्च-तनाव के स्तर के परिणामस्वरूप तीन प्रकार से बाल झड़ सकते हैं-
टेलोजन एफ्लुवियम - तनाव हेयर फॉलिकल्स की बड़ी संख्या को हेयर फॉलिकल्स के आराम चरण (टेलोजन चरण) में धकेल देता है, जिससे आपके बाल साधारण से धोने या कंघी करने से भी गिर सकते हैं।
एलोपेशिया एरेटा - जब प्रतिरक्षा प्रणाली (इम्यून सिस्टम) बालों के रोम पर हमला करती है तब बाल गोल पैच में गिर जाते हैं।
ट्रिकोटिलोमेनिया - जब आप अपने स्कैल्प से बालों को खींच के तोड़ने के आग्रह को नियंत्रित नहीं कर पाते। इसलिए, आराम करें और अपने बालों को जीवित रहने दें।

5. बालों में तेल लगाएं

प्राकृतिक तेलों से अपने बालों को पोषण दें। नारियल तेल, जैतून का तेल और बादाम के तेल की समान मात्रा लें और 10 -15 मिनट के लिए धीरे धीरे मालिश करें। रात भर तेल छोड़ दें; ताकि, प्रत्येक कतरा तेल सोख ले। अगले दिन शैम्पू और कंडीशनर से धो लें। यदि रात भर छोड़ना संभव नहीं है, तो कम से कम 45 मिनट बालों में तेल लगा कर रखे, जितनी देर आप तेल लगा कर रखेंगे परिणाम उतने बेहतर होंगे। लेकिन ध्यान रहे 24 घंटे से ज्यादा तेल लगा कर न रखे। तेल वाले बालों के साथ कभी भी बाहर न जाएं क्योंकि यह गंदगी, प्रदूषण और ग्रीज़ को आकर्षित करता है, जो आपके बालों को कमजोर बनाता है और बालों के समग्र स्वास्थ्य को प्रभावित करता है।

6. हर चार से छह हफ्ते में मेंहदी लगाएं

मेंहदी एक प्राकृतिक हेयर कंडीशनर और प्राकृतिक हेयर डाई है। मेंहदी एक बेहतरीन हेयर ब्यूटी सीक्रेट है जिसे भारत ने दुनिया के साथ बाँटा है। मेंहदी के कई फायदे हैं, यह बालों के विकास में सुधार करता है, रूसी को रोकता है, बालों के झड़ने को कम करता है। यह एक प्राकृतिक हेयर कंडीशनर है जो बालों को गहराई से कंडीशन और पोषण देता है।

हमेशा मेंहदी खरीदने से पहले लेबल की जांच कर लें, इसमें केवल 100% मेंहदी ही होनी चाहिए बिना किसी अन्य रसायनिक एजेंट के, जैसे रासायनिक पी-फिनाइलिनडाइमिन (PPD) जो आपकी खोपड़ी में जलन कर सकता है। किसी भी एलर्जी की प्रतिक्रिया की जांच करने के लिए हमेशा मेंहदी को पूरे सिर में लगाने से पहले, अपनी त्वचा पर एक छोटे से हिस्से में टेस्ट करे, आमतौर पर कान के पीछे। मेंहदी पाउडर को पानी के साथ मिलाकर गाढ़ा पेस्ट बना लें। अब इस पेस्ट को अपने बालों में लगाएं। एक घंटे के बाद, शैम्पू के साथ धुल लें।

7. डाइल्यूट सिरके से बाल धोएं

सफेद सिरके या एप्पल साइडर विनेगर बालों को रेशमी और चमकदार बनाते है। सामान्य प्रकार के बालों के लिए सिरका का एक हिस्सा और पानी के दो हिस्से लें, शैम्पू के बाद इस मिश्रण से अपने बालों को रगड़ें। 5-8 मिनट के लिए प्रतीक्षा करें फिर सामान्य पानी से धुल लें। आपके बाल पहले की तुलना में ज्यादा रेशमी और चमकदार होंगे। अगर आप डाइल्यूट सिरके का इस्तेमाल कर रहे हैं तो शैम्पू करने के बाद अपने बालों को कंडीशन करने की कोई ज़रूरत नहीं है।

अगर आपके बाल तैलीय हैं, तो समान मात्रा में सिरका और पानी लें। अगर आपके बाल रूखे हैं, तो पानी की मात्रा बढ़ा दें। हालांकि, किसी भी मामले में,

सिर्फ डाइल्यूटेड सिरके (पतला किया हुआ सिरका) का उपयोग करें, कभी भी कॉन्सेंट्रेटेड सिरके का उपयोग न करें क्योंकि यह आपके बालों को रुखा कर सकता है और टूटने के लिए अधिक प्रवण बना सकता है।

8. हमेशा शैम्पू के बाद कंडीशनर लगाएं

शैम्पू का प्राथमिक काम बालों को साफ करना है, मुख्य रूप से खोपड़ी को। यह किसी भी अतिरिक्त तेल, गंदगी या अवांछित निर्माण को साफ़ कर देता है। सफाई करते समय, शैम्पू अक्सर बालों को रूखा कर देता है, जिससे बाल फ्रिज़ी, पेचीदा और प्रबंधन करने में मुश्किल हो जाते हैं।

उलझे हुए बालों को सुलझाना बालों के टूटने का कारण हो सकता है। कंडीशनर बालों के स्ट्रैंड्स पर काम करता है, यह हेयर क्यूटिकल पर एक कोटिंग बनाता है, बालों की नमी को लॉक करता है और बालों को स्मूथ बनाता है, यह बालों को गंदगी और प्रदूषण से बचाता है, जिससे एक चमकदार फिनिश मिलती है।

9. बालों को बांधकर न सोएं

लगभग 7-8 घंटे तक अपने बालों को बांधकर सोने से आपके स्कैल्प पर खिंचाव पड़ता है, जो जड़ों को कमजोर कर सकता है जिससे बालों को नुकसान पहुँचता है और बाल गिर सकते हैं। आप जानते ही होंगें कि जब हम सोते हैं तो शरीर की मरम्मत होती है, जब आप अपने बालों को बांधते हैं, तो आप अपने बालों को प्राकृतिक मरम्मत से रोक देते हैं। इसलिए, अपनी स्कैल्प पर दबाव न डालें और उसे सांस लेने दें।

10.अच्छा खाएं

आप जो खाते हैं, उससे बालों पर गहरा असर पड़ता है। आपका आहार प्रोटीन, बायोटिन, आयरन और ओमेगा-3 फैट्स से भरपूर होना चाहिए। प्रोटीन बालों के विकास को बढ़ावा देता है क्योंकि बालों के रोम ज्यादातर कैरेटिन नामक प्रोटीन से बने होते हैं। बायोटिन और आयरन बालों के झड़ने को रोकते हैं, और ओमेगा-3 फैटी एसिड्स इंफ्लामेशन को कम करते हैं, आपके बालों को पोषण देते हैं, और बालों के विकास को बढ़ावा देते हैं। अगर आपके आहार में इन महत्वपूर्ण पोषक तत्वों की कमी है, तो आपके बालों का स्वास्थ्य बुरी तरह प्रभावित होगा।

निष्कर्ष

आपके बालों को अपना सर्वश्रेष्ठ दिखने के लिए थोड़ी देखभाल और पोषण की आवश्यकता होती है। आपके खाने की आदत और दैनिक दिनचर्या की आदतें आपके बालों के स्वास्थ्य को प्रभावित करतीं हैं। अपने बालों की आंतरिक साथ ही साथ बाहरी रूप से देखभाल करने से आपको सबसे अच्छे परिणाम मिलते हैं। सही पोषक तत्व खाना और अपने तनाव के स्तर को कम से कम रखना आंतरिक रूप से आपके बालों को पोषण देगा, वहीं नियमित तेल लगाना और अपने बालों को डाइल्यूटेड सिरके से धोना आपके बालों की रक्षा करेगा और आपको चमकदार और स्वस्थ बाल देगा।

6. मुलायम, रेशमी, मजबूत और स्वस्थ बालों के लिए शीर्ष 10 खाद्य पदार्थ

मुलायम, रेशमी, मजबूत और स्वस्थ बालों के लिए शीर्ष 10 खाद्य पदार्थ

बाजार में बहुत सारे हेयर केयर उत्पाद उपलब्ध हैं। इसके अलावा, उन्हें इस तरह से विज्ञापित किया जा रहा है जिससे हमें लगता है कि हमारे बालों का स्वास्थ्य और सौंदर्य केवल और केवल उन पर निर्भर है। हालाँकि, वास्तविकता यह है कि वे आपकी बालों की समस्याओं का इलाज नहीं करते हैं; वे सिर्फ खामियों को कवर करते हैं। निसंदेह वे आपका कुछ समय बचा सकते हैं और आपको एक

अस्थायी समाधान दे सकते हैं। लेकिन, इन उत्पादों में कठोर रसायन होते हैं जो लंबे समय में आपके बालों को नुकसान पहुँचा सकते हैं और आपके बालों को अच्छे से अधिक नुकसान पहुँचा सकते हैं।

अपने बालों का आंतरिक रूप से उपचार ही एकमात्र तरीका जिससे आप मुलायम, रेशमी, मजबूत और स्वस्थ बाल पा सकते हैं। आपके बालों को ठीक से काम करने और बढ़ने के लिए पोषण की आवश्यकता होती है। कुछ खाद्य पदार्थ ऐसा करने में उस्ताद हैं। ये खाद्य पदार्थ सभी बालों के पोषक तत्वों से भरे होते हैं जो स्प्लिट एंड्स, टैंगल्स, रूखे और बेजान बालों को रोकते हैं, और आपके बालों को मजबूती, घनत्व और चमक प्रदान करते हैं।

यहाँ स्वस्थ बालों के लिए शीर्ष 10 खाद्य पदार्थों की सूची दी गई है:

1. गहरे रंग के पत्तेदार साग

गहरे रंग के पत्तेदार साग जैसे पालक, केल (kale), मेथी का साग आयरन, विटामिन ए, विटामिन सी, और कैल्शियम का उत्कृष्ट स्रोत हैं। इसके अलावा, पत्तेदार साग कैलोरी में कम होते हैं। शरीर में आयरन की कमी का मतलब है कि ऑक्सीजन और आवश्यक पोषक तत्व आपके बालों की जड़ों और रोम तक नहीं पहुँच रहे हैं, जिससे बाल बेजान और कमजोर हो जाते हैं। आयरन की कमी से

बालों का झड़ना, समय से पहले सफ़ेद होना और बालों के बेजान होने की समस्या हो सकती है। पत्तेदार साग के पूर्ण लाभ प्राप्त करने के लिए, उन्हें बहुत लंबे समय तक न उबालें, अन्यथा, आप आवश्यक पोषक तत्वों को खो देंगे।

पत्तेदार साग खाने का सबसे अच्छा तरीका: पत्तेदार साग को पका के खाना वास्तव में उनके एंटीऑक्सिडेंट और आयरन की मात्रा को बढ़ावा देता है। आप उन्हें ग्रिल या भून कर खा सकते हैं। उपयोग करने से पहले हमेशा ब्लांच करें लेकिन ब्लांच करते समय अपने पत्तेदार साग को लंबे समय तक न उबालें। पानी में उबालने से विटामिन सी, और फोलेट जैसे पोषक तत्वों की एक महत्वपूर्ण मात्रा कम हो जाती है। ब्लांच करते समय पानी में थोड़ा नमक डालने से पानी में सभी बाहर आने वाले पोषक तत्वों को आप रोक सकते हैं।

एनीमिया से छुटकारा पाने के 10 पावर फूड्स पढ़ें पिछली किताब में ईट सो व्हॉट! द पॉवर ऑफ़ वेजटेरियनिस्म वॉल्यूम 2 (मिनी एडिशन)।

2. नट्स

ओमेगा-3 फैट्स आवश्यक पोषक तत्व हैं और अन्य फैट्स के मुकाबले सबसे ज्यादा स्वास्थ्यप्रद हैं। आपका शरीर ओमेगा-3 फैट्स स्वाभाविक रूप से उत्पादन नहीं कर सकता, इसलिए आपको उन्हें खाद्य पदार्थों से ही प्राप्त करना होता है। नट्स ओमेगा-3 फैटी एसिड्स का एक बड़ा स्रोत

हैं, जो आपके बालों को चिकनाई देते हैं, आपके बालों के रोम को पोषण देता है और आपके बालों को मोटाई और चमक देते हैं।

बादाम जैसे नट्स विटामिन ई का एक बड़ा स्रोत हैं जो आपके बालों को मजबूत करते हैं, रूसी और नुकसान से बचाते हैं। अखरोट का तेल इलास्टिन की मात्रा में योगदान देता है, इलास्टिन एक प्रोटीन है जो आपके बालों में इलास्टिसिटी के लिए जिम्मेदार होता है अतः उन्हें टूटने से रोकता है। पिस्ता में पाए जाने वाले उच्च बीटा-साइटोस्टेरॉल को पुरुष-पैटर्न गंजेपन में मदद करने के लिए सिद्ध किया गया है।

नट्स में फाइटिक एसिड होता है जो इनके स्वास्थ्य लाभ को कम करता है इसलिए नट्स की गर्मी और फाइटिक एसिड मात्रा को कम करने के लिए नट्स को रात भर पानी में भिगोकर खाना चाहिए।

3. सीड्स

सीड्स न केवल ओमेगा-3 फैटी एसिड्स का एक बड़ा स्रोत हैं, बल्कि जिंक, मैग्नीशियम और एंटीऑक्सिडेंट्स का भी अच्छा स्रोत हैं। सीड्स कैलोरी में बहुत

कम होते हैं जो आपके वजन को नियंत्रण में रखने में मदद करते हैं। फ्लैक्ससीड्स (अलसी), तिल और कद्दू के बीज जैसे बीज हेयर फॉलिकल्स और बालों को पोषण देते हैं, जिससे उन्हें नुकसान होने का खतरा कम होता है। वे स्कैल्प की कंडीशनिंग द्वारा बालों के विकास को प्रोत्साहित करते हैं।

हार्मोन डिहाइड्रोटेस्टोस्टेरोन (DHT) हेयर फॉलिकल्स से जुड़ जाता है और ऐनाजन (बालों के वृद्धि चरण) को कम कर देता है जो पुरुष पैटर्न गंजेपन का कारण बनता है। कद्दू के बीजों का बीटा-साइटोस्टेरोल, टेस्टोस्टेरोन को डाइहाइड्रोटेस्टोस्टेरोन में परिवर्तित करने वाले 5-अल्फा-रिडक्टेस एंजाइम को रोक कर बालों को झड़ने से रोकता है। कद्दू के बीजों में जिंक की अच्छी मात्रा होती है जो रूसी को रोकता है।

फ्लैक्ससीड्स आपके बालों में नमी को बनाए रखते हैं, जिससे बाल स्मूथ होते हैं और गाँठ और उलझन नहीं पड़ती।
फ्लैक्ससीड्स लिग्निन का सबसे समृद्ध आहार स्रोत है, लिग्निन एक शक्तिशाली एंटीऑक्सिडेंट है जो बालों की उम्र बढ़ने की प्रक्रिया को धीमा करता है और बालों को पतला होने से रोकता है।

4. खट्टे फल

साइट्रस फ्रूट्स (खट्टे फल) उन फलों की श्रेणी है जो विटामिन सी के उत्कृष्ट स्रोत हैं। वे प्रतिरक्षा प्रणाली को मजबूत करते हैं और इनमें एंटी इंफ्लेमेटरी और

एंटीऑक्सिडेंट गुण होते हैं। क्यों खट्टे फल बालों के लिए महत्वपूर्ण हैं? क्योंकि विटामिन सी आपके शरीर में नॉन-हीम आयरन के अवशोषण को बढ़ाता है। जब आप आयरन युक्त भोजन विटामिन सी युक्त भोजन के साथ खाते हैं, तो यह आपको बेहतरीन परिणाम देता है। कोलेजन उत्पादन में विटामिन सी मदद करता है। कोलेजन एक प्रकार का प्रोटीन है जो अमीनो-एसिड, प्रोलाइन, हाइड्रॉक्सीप्रोलाइन और ग्लाइसिन से बना होता है। प्रोलाइन कैरेटिन का मुख्य घटक है, कैरेटिन वो प्रोटीन का प्रकार है जो आपके बालों को बनाता है। खट्टे फलों के कुछ उदाहरण हैं नींबू, संतरा और अंगूर। पालक को ब्लांच करते समय नींबू का रस डालें, यह आपके आयरन के अवशोषण को बढ़ाएगा और साथ ही पालक के गहरे हरे रंग को खोने से बचाएगा।

इसके अलावा, फलों के जूस के बजाय पूरे फल खाएं, क्यों कि संतरे में मौजूद फाइबर, और अंगूर पाचन में सहायता करते हैं।

5. दूध और दूध से बनी चीजें

दूध का हर घूंट आपके बालों के लिए जादू है। दूध में व्हे (whey) और कैसिइन होता है, जो स्वस्थ बालों के लिए दो महत्वपूर्ण प्रोटीन हैं। रोजाना दूध पीने से बालों का झड़ना रुकता है और बालों के विकास को बढ़ावा मिलता है, और आपके बाल मजबूत होते हैं। इसके अलावा, दूध विटामिन बी12 का एक उत्कृष्ट स्रोत

है। विटामिन बी12 की कमी से समय से पहले बाल सफ़ेद हो सकते है और एनीमिया हो सकता है, जो बालों के झड़ने, टंगल्स और बेजान बालों का एक आम कारण है।

दूध की क्रीम आपके बालों के लिए एक उत्कृष्ट कंडीशनर हो सकती है। ये बालों में नमी देती है और रूखे बाल, स्प्लिट एंड्स और बालों को टूटने से रोकती है।

जब आप दही बाल में लगाते है तो वो रूखे और बेजान बालों को कंडीशन करता है और उनको मुलायम और रेशमी बनाता है।

तरल व्हे, पनीर का एक उप-उत्पाद, बालों के रोम को उत्तेजित करता है, बालों को मजबूत बनाता है, तेजी से बढ़ने में मदद करता है और बालों को झड़ने से रोकता है।

दूध और दूध से बनी चीजें प्रोटीन, विटामिन डी, और कैल्शियम में उच्च होती हैं। कैलोरी पर कटौती करने के लिए स्किम्ड दूध और कम वसा वाले दही और पनीर का सेवन करें। दूध से बनी चीजें बालों की संरचना को मजबूत करते हुए प्राकृतिक चमक देने का काम करती हैं।

अपने बालों को संपूर्ण पोषण देने के लिए नाश्ते में शहद, नट्स, और जामुन के साथ ग्रीक दही खाएं।

6. लेग्यूम्स

लेग्यूम्स जैसे दाल, छोले, राजमा, मटर, और मूंगफली प्रोटीन, आयरन, फोलिक एसिड, जिंक और बायोटिन जैसे पोषक तत्वों से भरे हैं जो आपके बालों के साथ-साथ संपूर्ण स्वास्थ्य का कल्याण करते हैं। लेग्यूम्स में आवश्यक विटामिन और अमीनो एसिड होते हैं जो आपके बालों के स्वास्थ्य के लिए महत्वपूर्ण होते हैं।

दाल फोलिक एसिड्स में समृद्ध है, जो सेल नवीकरण और बालों के विकास के लिए आवश्यक है। फोलिक एसिड आपके शरीर को लाल रक्त कोशिकाओं को बनाने में मदद करता है जो स्कैल्प में बहुत जरूरी ऑक्सीजन की आपूर्ति करते हैं।

बीन्स प्रोटीन का एक बड़ा स्रोत है, प्रोटीन बालों का निर्माण खंड है। पर्याप्त प्रोटीन के बिना, बाल बहुत कमजोर हो जाते हैं, और कमजोर बालों की किस्मों को टूटने का खतरा होता है। बीन्स जिंक का एक अच्छा स्रोत है, जो बालों के विकास और मरम्मत चक्र को प्रभावित करता है और रूसी को रोकता है।

मटर में पर्याप्त मात्रा में विटामिन सी होता है, विटामिन सी कोलेजन गठन में शामिल होता है, हेयर फॉलिकल्स को विकास के लिए कोलेजन प्रोटीन की आवश्यकता होती है। विटामिन सी की कमी से बाल रूखे और कमजोर हो सकते हैं।

ताजे हरे पत्तेदार सलाद के साथ फलाफिल, एइनचिलाडस या दाल का सूप आपके स्वाद के साथ-साथ आपके बालों के लिए भी एक अच्छा विकल्प हो सकता है।

7. मूंग बीन स्प्राउट्स

प्रणाली जिसके द्वारा बीज नई पत्तियों या कलियों का उत्पादन करते हैं उसे अंकुरित कहा जाता है। बीन्स को अंकुरित करने से उनके पोषक मूल्य में वृद्धि होती है, जो बीन्स को प्रोटीन, आयरन, कैल्शियम, जिंक, मैग्नीशियम, फास्फोरस और विटामिन सी से भरपूर बनाती है।

स्प्राउट्स में एंटी-बैक्टीरियल और एंटी-फंगल गतिविधियां होती हैं जो उन फंगल विकास का मुकाबला करने में मदद करतीं हैं जो रूसी और अन्य समस्याओं का कारण बनती है। स्प्राउट्स सीबम के उत्पादन को उत्तेजित करते हैं, यह प्राकृतिक तेल जड़ों और बालों की किस्मों को मॉइस्चराइज रखने और स्प्लिट एंड्स होने से रोकने में मदद करता है।

स्प्राउट्स में पर्याप्त विटामिन सी होता है जो प्रतिरक्षा प्रणाली को मजबूत करता है; विटामिन सी शरीर में फ्री रेडिकल्स को नष्ट कर देता है और बालों के विकास को बढ़ावा देता है।

अंकुरित होने की प्रक्रिया बीन्स को ठंडे पानी से धोने से शुरू होती है। बीन्स को एक जार में पानी के साथ रखें और 8-10 घंटे के लिए भिगो दें। एयरफ्लो बनाये रखने के लिए, एक जाली ढक्कन या मलमल के कपड़े से ढंक दें और रबर बैंड से बांध ले। 8-10 घंटे के बाद मलमल के कपड़े से पानी को बाहर निकाल दें। इसे ताज़े पानी से धोएं और बचा सारा पानी मलमल के कपड़े से छान के निकाल दें। अगले तीन दिनों के लिए दिन में कम से कम दो से तीन बार इस प्रक्रिया को दोहराएं और आपके पौष्टिक अंकुरित बीन्स खाने के लिए तैयार हैं। इन्हें कच्चा खाएं या थोड़े से जैतून के तेल में भुन के खाएं।

8. आम

बीटा-कैरोटीन एक चमकदार लाल-नारंगी पिग्मेंट है जो पौधों और फलों में पाया जाता है। यह बीटा-कैरोटीन है जो आमों को उनके पीले-नारंगी रंग देता है। यह अपनी एंटीऑक्सीडेंट गुण और उच्च विटामिन ए गतिविधि के लिए जाना जाता है। शरीर बीटा कैरोटीन को विटामिन ए में परिवर्तित करता है।

पके आम में बड़ी मात्रा में बीटा कैरोटीन, विटामिन सी और विटामिन ई होते हैं, इन सभी में एंटीऑक्सीडेंट गुण होता है जो सुरक्षित रूप से फ्री रेडिकल्स से जुड़ कर उनकों बेअसर कर देता है और आपके बालों को स्वस्थ और मजबूत बनाता है। यह बालों के रोम को सिकुड़ने से रोकता है और बालों के विकास को बढ़ावा देता है।

अगर आपके बाल रूखे हैं, या बालों में चमक कम है, तो अपने आहार में आम शामिल करें - इसमें स्कैलप कंडीशनिंग गुण होते हैं और यह आपके बालों को अतिरिक्त चमक देता है। आम विटामिन ए का एक अच्छा स्रोत है, जो सीबम के उत्पादन को प्रोत्साहित करता है, सीबम वो प्राकृतिक तेल जो आपके स्कैलप को मॉइस्चराइज़ करता है ताकि आपके बाल स्वस्थ रहें। आम में विटामिन सी, कोलेजन उत्पादन को बढ़ावा देता है - कोलेजन वो प्रोटीन है जो बालों को इलास्टिसिटी प्रदान करता है और इसे टूटने से रोकता है।

बीटा कैरोटीन के कारण पतले बालों वाले लोगों के लिए आम विशेष रूप से अच्छा होता है। बालों का पतला होना विटामिन ए की कमी का संकेत हो सकता है। अपने आहार में बीटा कैरोटीन बढ़ाना कमजोर, क्षतिग्रस्त बालों को पुनर्स्थापित करता है, और मजबूत और स्वस्थ बालों को बढ़ावा देता है।

9. शकरकंद

शकरकंद आपके बालों के लिए एक पूर्ण सुपरफूड है जिसमें लगभग सभी पोषक तत्व होते हैं जिनकी आपके बालों को आवश्यकता होती है। ये कैलोरी में कम और एंटी-इंफ्लेमेटरी गुणों से भरपूर होते हैं। यह बीटा कैरोटीन, विटामिन बी6, सी, डी और ई और जिंक, कॉपर, आयरन, कैल्शियम, मैग्नीशियम और पोटेशियम जैसे आवश्यक खनिजों में उच्च है।

अगर आपके बाल रूखे हैं, तो अपने आहार में शकरकंद को शामिल करें। शकरकंद रूखे बालों को बड़े पैमाने पर पोषण प्रदान करता है। विटामिन ए आपकी खोपड़ी के प्राकृतिक तेलों को बढ़ावा देगा, नमी को लॉक रखेगा, और बालों के विकास को बढ़ावा देगा, जबकि विटामिन ई आपके बालों के रोम को पोषण देकर चमक को बढ़ाएगा।

विटामिन ए की कमी से रूखे और बेजान बाल हो सकते हैं और आपकी खोपड़ी खुजली और रूसी का कारण बन सकती है। बीटा-कैरोटीन जो हमारे शरीर में

विटामिन ए में परिवर्तित होता है, सीबम उत्पादन और बालों के विकास के लिए आवश्यक है। हालांकि, विटामिन ए अधिक मात्रा में न लें, विटामिन ए के अधिक सेवन से बालों पर हानिकारक प्रभाव पड़ सकता है।

10. पानी

यह सूची आपके बालों के लिए सबसे महत्वपूर्ण तत्त्व के बिना पूरी नहीं की जा सकती, वो है पानी। पानी एक प्रमुख तत्त्व है जो बालों को विटामिन, और मिनरल प्रदान करता है, जो आपके बालों के विकास में योगदान करते हैं।

भले ही आप सभी विटामिन, प्रोटीन और मिनरल्स का सेवन कर लें, लेकिन अगर आप अपने शरीर की दैनिक पानी की आवश्यकता को पूरा नहीं करते हैं, तो पोषक तत्व आपके बालों के विकास के लिए जिम्मेदार कोशिकाओं तक नहीं पहुँचेंगे। नतीजतन, कोशिकाएं रिप्रोड्यूस और बढ़ने में सक्षम नहीं होंगीं, और आपके बालों के सिरे विभाजित हो जाएंगे और बाल ब्रिटल हो जाएंगे। यह संभव है कि डिहाइड्रेशन आपके बालों के प्राकृतिक विकास चक्र को पूरी तरह से रोक दे।

पौधों की तरह, बालों की जड़ ही एकमात्र साधन है जिसके द्वारा बाल पानी को अवशोषित करते हैं और बालों को जल प्रदान करते हैं, जो स्वाभाविक रूप से और आंतरिक रूप से बालों के विकास को बढ़ाता है।

दिन में कम से कम दो लीटर पानी पीने से न केवल आपका शरीर स्वस्थ रहेगा बल्कि आपके हेयर फॉलिकल्स को मजबूत करने और बालों के विकास को बढ़ावा देने में मदद मिलेगी।

निष्कर्ष

आप जो भी खाते हैं वह आपके बालों पर प्रतिबिंबित होता है। अपने शरीर को पौष्टिक आहार दें; यह बदले में आपको स्वस्थ बाल देगा। इसी तरह, आपके शरीर को जंक फूड देना आपके बालों को नुकसान पहुँचता है और उनकी वृद्धि को रोकता है। यदि आप अपने बालों की समस्याओं का अंतिम स्थायी समाधान चाहते हैं, तो अपने आहार में उपरोक्त सभी खाद्य पदार्थों को शामिल करें। इसके अलावा, ये खाद्य पदार्थ न केवल आपके बालों को स्वस्थ बनाते हैं, बल्कि दाग रहित, चिकनी और कोमल त्वचा भी देते हैं और आपके बालों के साथ-साथ आपकी त्वचा की भी उम्र बढ़ने से रोकते हैं।

7. शीर्ष 10 खाद्य पदार्थ जो बालों के झड़ने को रोकते हैं और बालों के विकास को बढ़ावा देते हैं

शीर्ष 10 खाद्य पदार्थ जो बालों के झड़ने को रोकते हैं और बालों के विकास को बढ़ावा देते हैं

बालों के विकास को बढ़ावा देने वाले हमारे सुपर खाद्य पदार्थों के विवरण करने से पहले, इस बात पर ध्यान दें कि बालों का झड़ना या अचानक बालों के

स्वास्थ्य में परिवर्तन एक आंतरिक बीमारी जैसे कि थायराइड रोग, ल्यूपस (एक ऑटोइम्यून स्थिति), या लिवर की समस्या का संकेत हो सकता है। अचानक शॉक लगने से या उच्च-तनाव का स्तर भी बालों के झड़ने का कारण बन सकता है। एक दिन में 50 से 100 बालों का गिरना सामान्य है, लेकिन यदि आप बड़े पैमाने पर बालों के झड़ने का अनुभव करते हैं, तो इसके अंतर्निहित कारण को निर्धारित करने के लिए अपने डॉक्टर से परामर्श लें।

बालों के झड़ने के अधिकांश सामान्य कारण पोषण की कमी और पर्यावरणीय क्षति है। सौभाग्य से, पोषण की कमी के कारण झड़ने वाले बालों को आप बालों के पोषण की आवश्यकता को पूरा करके रिवर्स कर सकते हैं। न केवल ये खाद्य पदार्थ बालों के झड़ने को रोकते हैं बल्कि नए और स्वस्थ बालों के विकास को बढ़ावा देने में भी सुपर प्रभावी होते हैं। इन सुपरफूड्स के साथ, आपके वैसे ही लंबे, मजबूत और स्वस्थ बाल हो सकते हैं जैसा आप हमेशा चाहते थे।

नीचे शीर्ष 10 खाद्य पदार्थ हैं जो बालों के झड़ने को रोकते हैं और बालों के विकास दर को बढ़ाते हैं:

1. आंवला

आंवला नाम का अर्थ **अमृत** है, जो देवताओं का पेय है। यह भारत का एक खट्टा फल है। इसे आयुर्वेद के अनुसार बालों के लिए एंटी-एजिंग और प्राकृतिक टॉनिक

माना जाता है। इस एकल फल में अरबों पोषक तत्व होते हैं। आंवला विटामिन सी के सबसे समृद्ध स्रोतों में से एक है।

विटामिन सी के साथ, आंवला एंटीऑक्सिडेंट में भी बहुत समृद्ध है। एंटीऑक्सीडेंट्स फ्री रेडिकल्स को बेअसर करते हैं जो बालों के झड़ने, और धूसर होने का कारण बन सकते हैं। आंवले के तेल में आवश्यक फैटी एसिड्स होते हैं जो बालों के रोम को मजबूत करते हैं और बालों के विकास को बढ़ावा देते हैं।

आंवला में मौजूद फाइटोन्यूट्रिएंट्स, अमीनो एसिड्स, विटामिन्स और मिनरल्स स्कैल्प सर्कुलेशन को बढ़ाने, बालों के फॉलिकल्स को मजबूत बनाने और हेल्दी ग्रोथ को प्रोत्साहित करने में मदद करते हैं।

आंवला का विटामिन सी कोलेजन उत्पादन बढ़ाता है। कोलेजन प्रोटीन, बालों के निर्माण खंड हैं, बालों के रोम को मजबूती देते हैं और बालों के विकास और लंबाई को बढ़ाते हैं।

2. काले तिल

काले तिल में सफ़ेद बालों को काला बनाने और स्वस्थ बालों के विकास को प्रोत्साहित करने की शक्ति होती है। यह मेलानोसाइट कोशिकाओं को आपके बालों के रंग के लिए जिम्मेदार पिग्मेंट, मेलेनिन का उत्पादन करने के लिए बढ़ावा देता है। काले तिल में ओमेगा-3 जैसे आवश्यक फैटी एसिड्स होते हैं जो

स्वस्थ बालों के विकास को प्रोत्साहित करते हैं और स्वस्थ खोपड़ी को बढ़ावा देते हैं। काले तिल के बीज जिंक से भरे होते हैं, जो सीबम उत्पादन में मदद करता है। यह प्राकृतिक तेल आपके बालों को चमकदार बनाता है।

जिंक बालों के टिश्यू की मरम्मत और नए बालों की कोशिकाओं के उत्पादन में भी एक अहम भूमिका निभाता है। तांबे की कमी से बाल पतले और भूरे हो सकते हैं क्योंकि तांबा मेलेनिन उत्पादन में महत्वपूर्ण भूमिका निभाता है। काले तिल तांबे का एक अच्छा स्रोत हैं। इसके अलावा, काले तिल का उच्च लौह तत्व आयरन की कमी वाले एनीमिया को रोकता है, जो बालों के झड़ने का एक सामान्य कारण है।

3. चिया सीड्स

चिया सीड्स शक्तिशाली पोषक तत्वों से भरे हुए हैं। वे ओमेगा-3 फैटी एसिड्स का एक उत्कृष्ट स्रोत हैं, जो बालों के विकास को बढ़ावा देते हैं। इसके अतिरिक्त, वे फाइबर, प्रोटीन के भी एक समृद्ध स्रोत हैं, और एंटीऑक्सिडेंट से भरपूर हैं। ये बालों के विकास को उत्तेजित करते हैं और आपके बालों को घना और स्वस्थ बनाते हैं। इसके अलावा, आयरन, जिंक, और कैल्शियम बालों के झड़ने को रोकते हैं, खोपड़ी को स्वस्थ बनाते हैं, बालों के रोम को मजबूत करते हैं, और मजबूत, घने और स्वस्थ बालों के विकास को सुनिश्चित करते हैं। चिया सीड्स की एक दिन की रेकमेंडेड खुराक 15-20 ग्राम (लगभग 1.5 बड़ा चम्मच) है।

सूखे, कच्चे रूप में इसका सेवन नहीं किया जाना चाहिए। चिया सीड्स को रात भर पानी में भिगो दें और सुबह या वर्क आउट के बाद खाएं।

4. काले चने

आपने अपनी माँ से बहुत सारे व्याख्यान सुने होंगे कि कैसे काले चने आपके बालों में चमत्कार कर सकते हैं, और वह गलत नहीं हैं। काले चने वास्तव में आपके बालों में जादू करते हैं। काले चनो का हर विटामिन और खनिज बालों के विकास के साथ-साथ बालों की गुणवत्ता में भी योगदान देता है।

शाकाहारी लोगों के लिए काले चने प्रोटीन का एक बड़ा स्रोत हैं। बाल ज्यादातर प्रोटीन से बने होते हैं। अपने बालों को पर्याप्त प्रोटीन देना आपके बालों के रोम को मजबूत करके नए स्वस्थ बालों के विकास को उत्तेजित करता है; इसके अलावा, काले चनो में जिंक और बायोटिन होते हैं। ये दोनों खनिज आपके शरीर के कैरेटिन के बुनियादी ढांचे में सुधार करते हैं। कैरेटिन एक संरचनात्मक प्रोटीन है जो बालों को बनाता है। कैरेटिन वही प्रोटीन है जो खोपड़ी की त्वचा की कोशिकाओं को नुकसान या तनाव से बचाता है। काले चनो में विटामिन ए और आयरन होते हैं जो बालों के स्वास्थ्य के लिए महत्वपूर्ण होते हैं और शरीर में इनमें से किसी एक की भी कमी से बाल झड़ने की और रूसी की समस्या हो सकती है। इसके अलावा, आयरन रक्त की आपूर्ति सुनिश्चित करता है, जिससे बालों की जड़ों तक बालों के महत्वपूर्ण पोषक तत्व पहुँचते हैं।

5. कच्चा नारियल

भारत में घरों में ताजा कच्चा नारियल होना काफी आम है, लेकिन पश्चिमी देशों में इसे पाना थोड़ा मुश्किल हो सकता है, अगर आपके पास कच्चे नारियल उपलब्ध हैं, तो जितना हो सके अपने आहार में इन्हें शामिल करें। नारियल की क्रीम, पानी और तेल भी समान रूप से स्वस्थ होते हैं। नारियल अत्यधिक पौष्टिक, फाइबर से भरपूर, और आवश्यक विटामिन और खनिजों से भरा है।
नारियल में मौजूद लॉरिक एसिड के कारण ही नारियल को एक स्वस्थ वसा माना जाता है जबकि इसमें लगभग 89% सैचुरेटेड फैट होता है। लॉरिक एसिड एक सैचुरेटेड फैटी एसिड है जिसमें 12-कार्बन एटम चेन होती है। इसमें जीवाणुरोधी, एंटीवायरल और रोगाणुरोधी गुण होते हैं; यह संभावित रूप से संक्रमण को रोकने में मदद करता है।

नारियल का तेल आपके बालों के लिए अच्छा होता है। अपने बालों को प्राकृतिक तरीके से घना, लंबा और तेज़ी से बढ़ने में मदद के लिए नारियल के तेल का उपयोग करें। प्राकृतिक रूप से नारियल के तेल में पाए जाने वाले विटामिन और आवश्यक फैटी एसिड्स खोपड़ी और बालों के रोम को पोषण देते हैं।
नारियल तेल को जैतून के तेल और बादाम के तेल के साथ मिलाएं, शैम्पू करने से एक रात पहले, इससे बालों की धीरे धीरे मालिश करें और इसे रात भर छोड़ दें। अगले दिन अपने बालों को शैम्पू से धोएं; यह आपके बालों के झड़ने को ठीक

करने और स्वाभाविक रूप से मॉइस्चराइज करने और स्प्लिट एंड्स और फ्रिज़ी बालों का इलाज करने में मदद करेगा।

6. पालक

पालक आयरन, बीटा-कैरोटीन, कैल्शियम, विटामिन सी और फाइबर से भरपूर होता है। ये पोषक तत्व स्वस्थ बालों के विकास को सुनिश्चित करते हुए आपकी खोपड़ी और बालों को पोषण देने में मदद करते हैं। पालक का नियमित सेवन एनीमिया को रोक सकता है और बालों के रोम में ऑक्सीजन की आपूर्ति बढ़ाता है, और सुनिश्चित करता है कि आपके बाल सभी सही पोषक तत्वों के साथ शीर्ष स्थिति में रहें। इसके अलावा, पालक के एंटी-इंफ्लेमेटरी गुण स्कैल्प की जलन को शांत करते हैं

पालक रेड मीट से बहुत बेहतर है क्योंकि यह कम कैलोरी प्रदान करता है और वसा और कोलेस्ट्रॉल-मुक्त है। इसके स्वास्थ्य लाभों का अधिक से अधिक लाभ उठाने के लिए, अपने दैनिक आहार में पालक को शामिल करें। अवशोषण में सुधार के लिए पालक को विटामिन-सी-समृद्ध खाद्य पदार्थ जैसे खट्टे फल के साथ खाएं। गर्भवती महिलाओं को रोजाना पालक खाना चाहिए। स्वस्थ शिशु के विकास के लिए आयरन आवश्यक है, और इससे बच्चे के बाल

भी स्वस्थ होंगे। यह शिशु में मस्तिष्क के गंभीर दोषों को रोकने में भी मदद करता है।

7. साबुत अनाज

साबुत अनाज जैसे ब्राउन राइस और ओट्स (जई) आयरन, बी विटामिन और जिंक के साथ-साथ बायोटिन में समृद्ध हैं। बायोटिन रूखे बालों और गंजेपन को कम करने में मदद करता है।

कोशिकाओं के प्रसार के लिए बायोटिन आवश्यक है; यह प्रोटीन का निर्माण करने में भी महत्वपूर्ण भूमिका निभाता है जो शरीर में अमीनो एसिड में टूट जाता है जो आपके बालों को बढ़ने के लिए आवश्यक होता है। साबुत अनाज जैसे रॉ ओट्स भी आवश्यक बाल खनिज जैसे आयरन और जिंक का एक अच्छा स्रोत हैं, इन खनिजों की कमी से बालों का झड़ना शुरू हो सकता है।

ओट्स, दूध, और बादाम के तेल का एक संयोजन बालों के लिए उत्कृष्ट है। ये बालों के झड़ने को रोक सकते है, बालों के विकास को उत्तेजित कर सकते है, और आपके बालों के स्ट्रैंड में चमक लाते है। अगली बार जब आप केक बनाये, तो अपने नियमित आटे के साथ साबुत गेहूं का आटा, ओट्स का आटा (ओट्स को पीस लें) और सूजी को भी मिलाएं, इससे आपकी मीठी तृष्णा शांत होगी और आपके बालों को पोषण भी मिलेगा।

8. सोयाबीन

सोयाबीन उच्च गुणवत्ता वाले प्रोटीन में समृद्ध है, जिसका उपयोग आपका शरीर कोशिकाओं की मरम्मत करने और नए बालों को उत्पन्न करने के लिए करता है। इसके अतिरिक्त, सोयाबीन में कैल्शियम, फोलिक एसिड, आयरन, बी विटामिन, पोटेशियम और फाइबर अधिक होते हैं, जो सभी स्वस्थ बालों के लिए आवश्यक हैं। सोयाबीन तेल कोशिकाओं की क्षति को कम करता है और नए बाल के विकास को बढ़ाता है। बालों के झड़ने की समस्या से पीड़ित लोगों के लिए सोयाबीन का तेल विशेष रूप से बहुत फायदेमंद है।

सोयाबीन स्पर्मिडाइन, एक पॉलियामाइन के सबसे अमीर खाद्य स्रोतों में से एक है। स्पर्मिडाइन हेयर शाफ़्ट के बढ़ने को प्रोत्साहित करता है और एनाजन (बालों के विकास के चरण) को बढ़ाता है, और इस तरह वो बालों के विकास को बढ़ावा देता है।

9. गाजर

गाजर में पाए जाने वाले विटामिन ए, बी, सी, ई, फास्फोरस और मैग्नीशियम आपकी खोपड़ी में रक्त परिसंचरण में सुधार करते हैं जो बालों की जड़ तक अन्य

सभी महत्वपूर्ण पोषक तत्वों की पहुँच सुनिश्चित करता है, जो बालों के विकास को बढ़ावा देता है।

ये महत्वपूर्ण विटामिन और खनिज बालों के झड़ने से निपटने में प्रभावी होते हैं और आपके बालों को रूखे और बेजान होने से बचाते हैं।

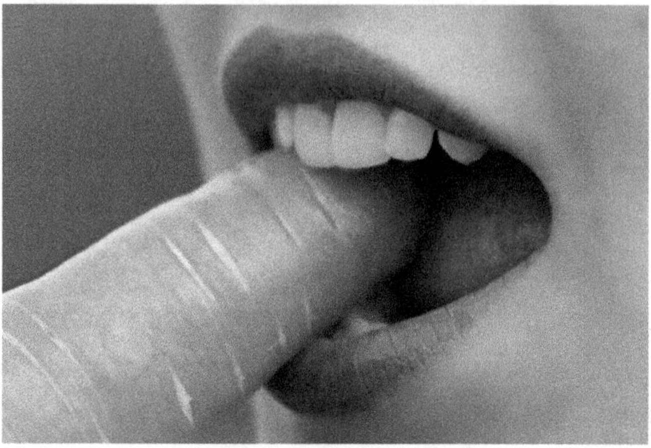

गाजर विशेष रूप से बीटा-कैरोटीन से भरा होता है, जो एक एंटीऑक्सिडेंट है जो शरीर में विटामिन ए में परिवर्तित होता है। यह खोपड़ी में वसामय ग्रंथियों को उत्तेजित करता है जो सीबम का उत्पादन करती हैं जो आपके बालों को नमीयुक्त रखने और उन्हें घने, चमकदार, मजबूत और तेजी से बढ़ने में मदद करता है। नियमित रूप से गाजर का ताजा रस पीने से आपके बाल स्वस्थ होते हैं और आपकी आंखों की रोशनी में सुधार होता है।

10. दही

प्राकृतिक दही प्रोटीन और विटामिन से भरी होती है, जो आपके बालों को मजबूत और स्वस्थ बढ़ने के लिए पोषण प्रदान करते हैं। दही में लैक्टिक एसिड होता है, जो सूखे, पपड़ीदार बालों को आराम देता है और उन्हें चिकना करता है, और प्राकृतिक नमी को बेहतर बनाता हैं, जिससे आपके बाल अधिक

मेनेजेबल हो जाते हैं। यही कारण है कि आप कई शैंपू और अन्य बालों के उत्पादों में लैक्टिक एसिड पाते हैं।

दही विटामिन बी5 में समृद्ध है, जो आपकी खोपड़ी में रक्त के प्रवाह को बढ़ाता है और बालों के विकास को बढ़ावा देता है। अपने शीतलन प्रभाव के कारण दही खोपड़ी की जलन को शांत करती है। इसके एंटी-फंगल गुण रूसी से छुटकारा पाने में मदद करते हैं, खोपड़ी के स्वास्थ्य में सुधार करते हैं और बालों के झड़ने को नियंत्रित करते हैं।

निष्कर्ष

स्वस्थ, रेशमी, मजबूत और घने बाल हर किसी का लक्ष्य होते है। इस लक्ष्य को प्राप्त करने के लिए आपको महंगे बालों के उपचारों और फैंसी हेयर उत्पादों की आवश्यकता नहीं है; लंबे और स्वस्थ बालों का राज़ आपकी रसोई में छिपा है। अपने आहार में उपरोक्त खाद्य पदार्थों को शामिल करने का प्रयास करें। ये खाद्य पदार्थ प्रोटीन, बी विटामिन, विटामिन ए, सी, डी और ई, जिंक, लोहा, बायोटिन, और आवश्यक फैटी एसिड्स जैसे बालों के पोषक तत्वों से भरपूर हैं। अपने आहार में इन पोषक तत्वों को शामिल करने से बालों को झड़ने से रोकने और उनके विकास दर को बढ़ावा देने में मदद मिलती है।

2

बालों की समस्याएं, उनके कारण और उनका समाधान

1. बालों की समस्याएं, उनके कारण और उनका समाधान भाग 1

बालों की समस्याएं, उनके कारण और उनका समाधान भाग 1

इस अध्याय में निम्नलिखित बालों की समस्याओं, उनके कारणों और उनके समाधानों का वर्णन किया गया है:

- भूरे/सफेद बाल
- रूसी
- फ्रिज़ी हेयर
- उलझे हुए बाल

ग्रे/सफेद बाल

मेलानोसाइट्स हेयर बल्ब में मौजूद कोशिकाएं होती हैं जो आपके बालों को उनका प्राकृतिक रंग प्रदान करने के लिए मेलेनिन का उत्पादन करती हैं। उम्र के साथ मेलेनिन का उत्पादन धीमा हो जाता है और अंत में बंद हो जाता है, जिसके परिणामस्वरूप भूरे / सफेद बाल होते हैं। लेकिन कुछ लोगों में उम्र के पहले, यहाँ तक की किशोरावस्था में ही बाल सफ़ेद होने लगते हैं जिसे आमतौर पर समय से पहले बाल सफ़ेद होना कहते हैं।

समय से पहले बालों के सफेद होने के कारण

1. विटामिन बी12 की कमी से आपके बाल समय से पहले सफेद (सबसे आम कारण) हो सकते हैं।
2. हाइड्रोजन पेरोक्साइड एक ऑक्सीकरण एजेंट है जिसका उपयोग बालों को ब्लीच करने के लिए किया जाता है। यह बालों के कोर्टेक्स में प्रवेश करता है और बालों के प्राकृतिक पिग्मेंट, मेलेनिन को खत्म कर देता है। मेलेनिन के बिना, नए बाल बिना किसी पिग्मेंट के बढ़ते हैं, और ये ग्रे या सफेद दिखाई देते है।
3. समयपूर्व बाल ग्रे होने में आनुवंशिकी एक महत्वपूर्ण भूमिका निभाती है। यदि आपके माता-पिता में से कोई भी जल्दी ग्रे हो गया होगा, तो इसकी बहुत संभावना है कि आप भी होंगे।
4. धूम्रपान को लंबे समय से सफेद बाल होने का कारण माना गया है। सिगरेट के विषाक्त पदार्थ आपके हेयर फॉलिकल्स को नुकसान पहुँचा सकते हैं, जिससे बाल समय से पहले ग्रे/सफेद हो सकते हैं।

सफेद बालों की समस्या का इलाज कैसे करें?

1. यदि आप धूम्रपान करते हैं, तो जितनी जल्दी हो सके धूम्रपान बंद कर दें।
2. बालों को बार बार कलर या ब्लीच न कराएं।
3. एंटीऑक्सिडेंट और विटामिन ए से भरपूर खाना खाएं। अध्ययन से पता चलता है की एंटीऑक्सिडेंट और विटामिन ए आपके मेलेनिन उत्पादन को बढ़ावा दे सकते हैं। अपने आहार में गाजर, शकरकंद और गहरे रंग की पत्तेदार सब्जियों को शामिल करें।
4. पोषण की कमी के कारण होने वाले सफेद बालों को विटामिन पूरकता के साथ वापस काला किया जा सकता है। अपने विटामिन बी12 के स्तर की जाँच कराएं। एक साधारण रक्त परीक्षण दिखा सकता है कि आपके बी12 का स्तर कम है या नहीं। स्वयं डॉक्टर न बनें और अपने आप सप्लीमेंट लेना शुरू न करें बजाय इसके विटामिन बी12 की सही खुराक के लिए अपने डॉक्टर से मिलें।

बी12 की कमी को रोकने के लिए शाकाहारियों के लिए शीर्ष 10 खाद्य पदार्थ पढ़ें पिछली किताब में ईट सो व्हाट! द पॉवर ऑफ वेजटेरियनिस्म वॉल्यूम 1 (मिनी एडिशन)।

रूसी

रूसी स्कैल्प की एक स्थिति है जिसमें खुजली, मृत त्वचा कोशिकाओं की पपड़ीदार सफेद फ्लेक्स शामिल हैं। दुनिया भर में पुरुषों और महिलाओं दोनों में रूसी आम है।

ऐसे कारक जो डैंड्रफ को ट्रिगर कर सकते हैं:

1. सीबम के स्राव से त्वचा तैलीय हो जाती है और रूसी होने का खतरा होता है।
2. मेलेसेजिया नामक यीस्ट त्वचा के सूक्ष्म जीवों का मेटाबोलिक बाई-प्रोडक्ट है जो खोपड़ी में जलन पैदा करता है और जिससे त्वचा की कोशिकाएँ झड़ती है और फ्लेक्स बनता है।
3. जिन लोगों में एलर्जी की संवेदनशीलता अधिक होती है, उनमें रूसी होने की संभावना अधिक होती है।
4. तनाव रूसी को ट्रिगर कर सकता है।

डैंड्रफ का इलाज और रोकथाम कैसे करें?

1. अधिक बार शैम्पू करें। तेल जमा होने या किसी फंगल संक्रमण से बचने के लिए माइल्ड शैम्पू का उपयोग करें।
2. ओमेगा-3 फैटी एसिड्स से भरपूर आहार लें। वे घाव भरने में और सीबम उत्पादन को प्रबंधित करने में मदद करते हैं। फ्लैक्ससीड्स, नट्स, और जैतून का तेल खाएं।
3. तनाव न लें। अपने तनाव के स्तर को प्रबंधित करें। सुबह टहलें और थोड़ी ताजी हवा लें।
4. एंटी-डैंड्रफ शैम्पू एक अच्छा विकल्प है। इनमे जिंक पिरीथीईऑन होता है, जो एक जीवाणुरोधी और एंटिफंगल एजेंट है जो कि फंगल और बैक्टीरिया के कोशिका विभाजन को रोकता है।

अगर आपको बहुत ज्यादा रूसी है या न केवल खोपड़ी पर, बल्कि शरीर के अन्य क्षेत्रों, जैसे कि चेहरे, भौंहों, ऊपरी छाती और पीठ पर भी फ्लैक्स है, तो यह सेबोरिड्क डर्मेटाइटिस हो सकता है। उचित उपचार के लिए अपने चिकित्सक से मुलाकात लें।

स्प्लिट एंड्स

जब छल्ली (क्यूटिकल लेयर), हेयर शाफ्ट की बाहरी सुरक्षात्मक परत क्षतिग्रस्त हो जाती है, तो यह एक स्ट्रैंड से दो या कई तक में विभाजित हो जाती है, इसे स्प्लिट एंड्स (दो मुहे बाल) कहते हैं। सिरा आपके बालों का सबसे पुराना और कमजोर हिस्सा होता है; इसलिए, विभाजन आमतौर पर बालों के सिरे में होते हैं। क्षतिग्रस्त छल्ली बालों के मुख्य अंग कॉर्टेक्स को उजागर करती है; जिससे बाल कमजोर हो जाते हैं और अपनी बनावट और घनत्व खो देते हैं।

स्प्लिट एंड्स के कारण?

1. ज्यादा कंघी करना

कंघी करना अच्छा है, यह आपके बालों में रक्त की आपूर्ति को बढ़ाता है, लेकिन ज्यादा और जोर जोर से कंघी करना अच्छे से अधिक नुकसान पहुँचा सकता है। यह आपके बालों की गुणवत्ता के साथ समझौता करता है। अपने बालों को जेंटली झाड़ने की सलाह दी जाती है।

2. घर्षण

यदि आपके बाल लंबे हैं और आपके बाल आपकी शर्ट के पीछे की तरफ रगड़ खाते हैं, तो यह घर्षण बालों को नुकसान पहुँचा सकता है। तौलिये से घर्षण पैदा होता है, जो विभाजन के सिरों के विकास में तेजी ला सकता है। यहां तक कि आपके स्कार्फ, स्वेटर और टोपी के कपड़े से घर्षण भी स्प्लिट एंड्स को जन्म दे सकता हैं।

3. हीट

स्ट्रेटनर, ब्लोअर, ड्रायर्स और कर्लिंग रॉड जैसे स्टाइलिंग टूल्स बालों में उच्च गर्मी पैदा करते हैं। अत्यधिक गर्मी आपके हेयर क्यूटिकल्स को काफी नुकसान पहुँचा सकती है जो स्प्लिट एंड्स का कारण बन सकता है। यह बालों के नमी के संतुलन को बिगाड़ता है और उन्हे रुखा और अस्वस्थ बना देता है।

4. रासायनिक उपचार

बालों के रंगों और रिलैक्स जैसे रासायनिक उपचार आपके बालों की रक्षा करने वाली छल्ली परत को नुकसान पहुँचाते हुए कोर्टेक्स (बालों की भीतरी, मुख्य परत) में काम करते हैं। उनमें मौजूद हानिकारक रसायन, आंतरिक परत, कोर्टेक्स को नुकसान पहुँचाते हैं, इस प्रकार के उपचार के कुछ हफ्तों के बाद स्प्लिट एंड्स होने लगते हैं।

5. शैम्पू का अत्यधिक उपयोग

शैम्पू में सल्फेट्स फोमिंग एजेंट होता है जो शैम्पू को झाग (फोम) देता है। सल्फेट्स के अत्यधिक उपयोग से आपके बाल रूखे हो जाते हैं जो बालों के स्प्लिट एंड्स का कारण बनता है।

6. शराब

यह न केवल आपके स्वास्थ्य के लिए बुरा है, बल्कि आपके बालों को भी खराब कर सकता है। अल्कोहल आपके बालों को डीहाइड्रेट करता है, बिना इष्टतम नमी के, आपके बाल टूटने और विभाजित होने के लिए अधिक प्रवण हो जाते हैं। आप सोच रहे होंगे कि कुछ शैंपू में अल्कोहल क्यों मिलाया जाता है? खैर, शैंपू में डाली जाने वाली शराब पीने वाली शराब से अलग होती है। सेटेअरयल अल्कोहल और सीटल अल्कोहल शैंपू में डाली जाने वाली आम अल्कोहल के प्रकार हैं।

7. अल्प खुराक

बालों के आवश्यक पोषक तत्वों की कमी से आपके बाल सूख सकते हैं। यदि आपका शरीर कुपोषित है, तो आपके बाल भी कुपोषित होंगे, जो उन्हें स्प्लिट एंड्स के लिए अधिक संवेदनशील बनाते हैं।

8. पर्यावरण

सूर्य और वर्षा जल के अत्यधिक संपर्क से क्षति और तेज हो जाती है और इसके परिणामस्वरूप स्प्लिट एंड्स हो जाते है।

स्प्लिट एंड्स को कैसे रोकें:

1. हर 2-3 महीने में एक नियमित रूप से बाल कटवाएं या जैसे ही आप स्प्लिट एंड्स देखे उन्हें ट्रिम करवा दें; इससे आप उन्हें फैलने से पहले ही रोक लेंगे।
2. एक माइल्ड शैम्पू का उपयोग करें जो SLS मुक्त हो।

3. शैम्पू के बाद कंडीशनर लगाएं; यह छल्ली को सील करता है।
4. हलके हाथों से कंघी करें।
5. बालों को धोने और स्टाइल करते समय कोमलता से पेश आएं।
6. अपनी शराब की खपत को सीमित करें और खूब पानी पिएं।
7. अपने बालों को आंतरिक रूप से पोषण देने के लिए पत्तेदार सब्जियां, नट्स, बीन्स और गाजर का खूब सेवन करें।
8. किसी भी अवांछित घर्षण को रोकने के लिए रेशम के साथ अपने स्कार्फ और टोपी को लाइन करें।

फ्रिज़ी हेयर

क्या है फ्रिज़ी हेयर?

यदि आपके बाल आसपास के अन्य बालों के साथ संरेखित नहीं होते हैं, इसके बजाय यह कर्ल हो जाते है या स्वतंत्र रूप से खड़े हो जाते है, और बालों में एक अनियमित सूजन की बनावट बनाते है, तो आपके बाल फ्रिज़ी हैं।

कैसे होते है बाल फ्रिज़?

फ्रिज़ तब होता है जब आपके बालों की छल्ली परत क्षतिग्रस्त हो जाती है, नमी बाल शाफ्ट में प्रवेश करती है, कोर्टेक्स में अवशोषित होती है, और प्रोटीन और नमी के संतुलन को बिगाड़ देती है। नतीजतन, बाल रेशमी, परिभाषित और मुलायम के बजाय रूखे, फुले हुए, और घुंघराले दिखाई देते हैं।

आपके बालों का फ्रिज़ी दिखाई देने का एक और कारण बालों में नमी की कमी भी हो सकता है। संतुलन बनाए रखने के लिए, आपके बाल अपने आस-पास की हवा से नमी को अवशोषित करते हैं। यही कारण है कि आपके बाल बारिश के मौसम में अधिकतम फ्रिज़ होते हैं।

फ्रिज़ी बालों के कारण

1. अपने बालों को गर्म पानी से धोना

अपने बालों को बहुत अधिक समय तक गर्म पानी से धोना आपके बालों को प्राकृतिक तेलों से दूर कर सकता है, जो इसे मॉइस्चराइज़्ड, मुलायम और चमकदार बनाए रखता है।

2. रफ ब्रश करना

अत्यधिक या कठोर ब्रशिंग से आपके बाल अपने आकार से फैल जाते हैं और फिर टूट जाते हैं, जिससे शेष छोटे बाल बाकी बालों से दूर हो जाते हैं और बाहर की ओर निकल आते हैं।

3. गीले बालों पर गर्म टूल्स का प्रयोग करना

गीले बालों पर कर्लिंग आयरन या स्ट्रेटनर जैसे गर्म टूल्स का इस्तेमाल करने से बालों में पानी उबल सकता है, जिससे हेयर फाइबर के अंदर बुलबुले बनते हैं जो बालों को कमजोर करते हैं।

4. ज्यादा शैंपू करना

हर दिन शैम्पू करना आपके बालों के लिए अच्छा नहीं है। शैंपू के कठोर फोमिंग एजेंट आपके बालों के प्राकृतिक तेलों को छीन लेते हैं, जिसके परिणामस्वरूप बाल रूखे और बेजान दिखते हैं।

5. बहुत अधिक प्रोटीन वाले उत्पादों का उपयोग करना

पर्याप्त नमी के बिना अपने बालों को बहुत अधिक प्रोटीन देना आपके प्रोटीन और नमी के संतुलन को बिगाड़ सकता है, जो फ्रिज़ का कारण बनता है।

6. आप डीहाइड्रेट हैं

आप पर्याप्त पानी नहीं पी रहे हैं, जो आपके बालों में नमी बनाए रखने के लिए आवश्यक है।

7. कठोर रसायन

ब्लीच और डाई में कठोर रसायन होते हैं जो छल्ली, बालों की सुरक्षात्मक परत को नुकसान पहुँचा सकते हैं; नतीजतन, नमी कोर्टेक्स में अवशोषित हो जाती है, जिससे फ्रिज़ बाल पैदा होते हैं।

फ्रिज़ी बालों को कैसे रोकें?

1. गीले बालों पर गर्म टूल्स का प्रयोग न करें। गर्म टूल्स का उपयोग कम से कम करें और हमेशा उनका उपयोग उनकी न्यूनतम तापमान सेटिंग पर करें।
2. खूब पानी पिएं और संतुलित आहार लें।
3. हर दिन अपने बाल न धोएं।
4. गुनगुने पानी से शॉवर लें।
5. अपने बालों पर रासायनिक अति-प्रसंस्करण से बचें।

6. अपने बालों में तेल लगाने के लिए जैतून के तेल का उपयोग करें। यह एक इमोलिएंट (चमड़ी को मुलायम करने वाला) के रूप में कार्य करता है और बालों की शाफ्ट में नमी को खींचता है। यह बालों के विकास के लिए भी अच्छा होता है।
7. एक ऐसे शैम्पू का उपयोग करें जिसमें डाईमेथिकोन हो। यह एक पानी में घुलनशील, हल्का सिलिकॉन है जो आपको रेशमी और मुलायम बाल देता है। हालांकि, अपने फ्रिज़ी बालों के लिए इस पर निर्भर नहीं हो क्योंकि यह आपको एक अस्थायी समाधान देता है। स्थायी समाधान के लिए आपको अन्य उपर्युक्त उपायों का पालन करना होगा।

उलझे हुए बाल

आप सुबह जल्दी में हैं, आपको देर हो रही है, आप लगभग तैयार है, बस बाल झाड़ना बाकी है, आप बाल झाड़ने की कोशिश करते हैं... लेकिन ... लेकिन ये पूरी तरह से उलझे हुए हैं, आप कंघी नहीं कर सकते। आप एक समय में बालों का एक छोटा हिस्सा ले रहे हैं, लेकिन नहीं, फिर भी ये सुलझ नहीं रहे। इसे सुलझाने में आप काफी समय बर्बाद कर चुके हैं, और एक बार फिर आज आप लेट हो चुके हैं! उलझे बालों को धन्यवाद!! आपने कितनी बार यह अनुभव किया है?

खैर, अब और नहीं, कुछ व्यावहारिक तरीके हैं जिनका उपयोग करके आप अपने बालों को उलझने से बचा सकते हैं। लेकिन इससे पहले कि हम इस पर चर्चा करें, आइए एक नज़र डालते हैं कि आखिर आपके ही बाल क्यों उलझते हैं और बालों के उलझने के क्या कारण हैं?

क्यों बाल उलझ जाते हैं?

यह तब होता है जब आपके बालों की बाहरी सुरक्षात्मक परत, छल्ली क्षतिग्रस्त हो जाती है। एक स्वस्थ छल्ली में मछली के त्वचा की जैसी कोशिकाएँ होती हैं जो एक-दूसरे को ओवरलैप करती हैं, वे मुलायम और बंद होती हैं, जबकि एक क्षतिग्रस्त छल्ली की परतें खुली होती हैं जो एक-दूसरे पर झपटी हुई होती हैं, जिसके परिणामस्वरूप आपके बाल उलझ जाते हैं।

बालों में उलझन के कारण क्या हैं?

1. नमी की कमी

आपके बालों में नमी की अनुपस्थिति से आपके बालों के शाफ्ट के क्यूटिकल्स टूट जाते हैं, जिससे आपके बालों में घर्षण और तनाव पैदा होता है; नतीजतन, आपको खुरदरे, क्षतिग्रस्त और उलझे हुए बाल मिलते हैं।

2. रोजाना कंघी नहीं करना

यदि आप हर दिन कंघी नहीं करते हैं, तो आप अपने बालों को पोषण से रोक रहे हैं। कंघी करना वसामय ग्रंथि को सीबम (बालों का प्राकृतिक तेल) का उत्पादन करने के लिए सक्रिय करता है, जो बालों को मॉइस्चराइज़ड रखता है।

3. गीले बालों के साथ सोना

जब आप गीले बालों के साथ सोते हैं, तो 6-8 घंटों के लिए आपके बाल और आपके तकिए के कपड़े के बीच का घर्षण आपके बालों को उलझाने का कारण बन सकता है।

4. अस्वस्थ बाल

यदि आपके बाल रूखे हैं, तो यह स्प्लिट एंड्स और फ्रीज़ीनेस को बढ़ावा देते हैं, जिससे आपके बाल आसानी से उलझ सकते हैं।

5. तौलिये से रगड़ कर सुखाना

जब आप अपने बालों को जोरो के साथ तैलिये से रगड़ते हैं, तो यह आपके बालों को उलझा देता है।

6. पोषण का अभाव और अन्य चिकित्सीय स्थिति

कभी-कभी आयरन की कमी, शरीर में अमोनिया का निर्माण या हाइपोथायरायडिज्म उलझे हुए बालों को जन्म दे सकता है।

कैसे अपने बालों को उलझने से बचाएं?

1. शैम्पू के बाद कंडीशनर का इस्तेमाल करें

उलझे बालों को रोकने के लिए सबसे अच्छा उपाय शैम्पू के बाद कंडीशनर का उपयोग करना है। यह बालों के स्ट्रैंड्स को कोट करता है और बालों के स्ट्रैंड्स के बीच घर्षण को कम करता है, जो आपके बालों को मुलायम बनाता है और कंघी आसानी से होती है। यह नमी को लॉक करता है और साथ ही बालों को गंदगी और प्रदूषण से बचाता है।

2. पोषण से भरपूर खाद्य पदार्थ

बादाम, पालक, दही और फलियां खूब खाएं। आयरन और प्रोटीन से भरपूर भोजन क्यूटिकल्स की मरम्मत तेजी से करते हैं।

3. शॉवर के बाद ठंडे पानी से बाल धुलें

बालों को गर्म पानी से धोने से छल्ली परत खुल जाती है। यह एक सरल लेकिन प्रभावी कदम है। अपने शॉवर के अंत में ठंडे पानी से अपने बालों को धुलें; यह आपके क्यूटिकल्स को बंद करेगा और टेंगल्स को रोकेगा।

4. रेशम के तकिये का उपयोग करें

जैसे आपके शरीर को आराम की जरूरत होती है, वैसे ही आपके संवेदनशील बालों को भी आराम की जरूरत होती है। रेशम के तकिये का उपयोग करें क्योंकि यह घर्षण का कारण नहीं बनते और आपके बालों को उलझने से रोकते हैं। सूती तकिये से बचें; वे बनावट में खुरदरे होते हैं और घर्षण का कारण बनते हैं जो आपके बालों को तोड़ सकते हैं और आपके बालों में टेंगल्स और गाँठ पैदा कर सकते हैं।

5. चौड़े दांतों वाली कंघी का इस्तेमाल करें

उलझे बालों पर पतले दांतों वाली कंघी से ब्रश करने से बाल गिर सकते हैं और बालों को और नुकसान पहुँच सकता है क्योंकि वे हेयर शाफ्ट खोल सकते हैं जिससे बाल झड़ सकते हैं। इसके अलावा, पतले दांतों वाली कंघी के साथ बालों को सुलझाना काफी चुनौतीपूर्ण होता है। इसके बजाय, चौड़े दांतों वाली कंघी का इस्तेमाल करें। सिरों से शुरू करें और फिर जड़ों तक काम करें। इस तरह गाँठ आपके बालों को खींचने और क्षतिग्रस्त करे बिना हट जाएगी।

ध्यान दें

इन समाधानों को आजमाने के बाद भी, यदि आपके बालों की स्थिति नहीं सुधरती है या बालों की समस्या कमजोरी, थकान, अत्यधिक बालों के झड़ने या ठंडे से असहिष्णुता के साथ होती है, तो तुरंत अपने डॉक्टर से मिलके इसके अंतर्निहित कारण को निर्धारित करे और सुनिश्चित करें कि कही ये आपको किसी अन्य स्वास्थ्य समस्या के कारण तो नहीं हो रहा।

2. बालों की समस्याएं, उनके कारण और उनका समाधान भाग 2

बालों की समस्याएं, उनके कारण और उनका समाधान भाग 2

इस अध्याय में निम्नलिखित बालों की समस्याओं, उनके कारणों और उनके समाधानों का वर्णन किया गया है:

- बालों का झड़ना
- सिर के जूं
- तैलीय बाल
- रूखे बाल

बालों का झड़ना

एक दिन में 50 और 100 बाल गिरना पूरी तरह से सामान्य है। बालों के झड़ने की समस्या जीवन के लिए खतरा नहीं है, लेकिन यह जिस तरह से व्यक्ति दिखता है उसे बदलकर किसी के आत्मविश्वास को गंभीर रूप से चोट पहुँचाती है। पुरुष, महिलाएं और यहां तक कि बच्चे भी बालों के झड़ने का अनुभव कर सकते हैं। यह स्थिति आमतौर पर हार्मोनल परिवर्तन, आनुवंशिकता, चिकित्सा स्थितियों या कुछ दवाओं के साइड-इफेक्ट के परिणामस्वरूप होती है।

बालों का झड़ना अस्थायी या स्थायी हो सकता है। लगभग 90 से 95% हेयर फॉलिकल्स सामान्य रूप से विकास के चरण में होते हैं और खोए हुए बालों को रिप्लेस करते हैं, लेकिन ऐसा हमेशा नहीं होता है। कुछ कारक बालों के विकास चक्र को प्रभावित करते हैं और इसके विकास को रोक देते हैं।

यदि आप अचानक बड़े पैमाने पर बालों का झड़ना अनुभव करते हैं, तो आपको अपने बालों के झड़ने के अंतर्निहित कारण का पता लगाने और उचित उपचार योजनाओं के लिए अपने डॉक्टर से परामर्श करना चाहिए।

बालों के झड़ने के अग्रणी कारक

1. तनाव

तनाव बालों के झड़ने, बालों के पतले होने और गंजे होने का एक प्रमुख कारण है। तनाव आपके हेयर फॉलिकल्स को आराम चरण में धकेल सकता है, जिससे वे नए बालों के स्ट्रैंड का उत्पादन नहीं कर पाते।

2. पोषण की कमी

प्रोटीन, आयरन और अन्य बी विटामिन की कमी वाले आहार से बाल गिर सकते हैं।

3. दवाएं

कुछ दवाएं जो अवसाद, रक्तचाप और हृदय की समस्याओं या कीमोथेरेपी के उपचार के लिए उपयोग की जाती हैं, आमतौर पर बालों के झड़ने का कारण बनती हैं।

4. अचानक या अत्यधिक वजन कम होना

बॉडी मास इंडेक्स में अचानक बदलाव से शारीरिक तनाव होता है, जो बालों के रोम को टेलोजन चरण (आराम करने वाले चरण) में जाने का संकेत देता है।

5. जेनेटिक्स

अगर आपके माता या पिता को बालों के झड़ने की समस्या है, तो इस बात की काफी संभावना है कि आपको भी यह समस्या हो सकती है।

6. हार्मोनल परिवर्तन

यौवन, गर्भावस्था और मेनोपॉज़ में हार्मोनल परिवर्तन बालों के झड़ने का कारण हो सकता है।

7. एजिंग

पुरुषों और महिलाओं दोनों में ही उम्र के साथ बालों का पतला होना सामान्य है।

8. ट्रॉमा

बालों का झड़ना एक झटके या दर्दनाक घटना के बाद हो सकता है जैसे कि नौकरी का खोना या सर्जरी।

9. कोई रोग या चिकित्सीय स्थिति

बालों का झड़ना एक अंतर्निहित बीमारी जैसे कि हाइपोथायरायडिज्म, यकृत रोग, और प्रणालीगत ल्यूपस एरिथेमेटोसस का परिणाम हो सकता है।

बालों के झड़ने के प्रकार

एलोपेशिया अरेटा: यह एक सामान्य ऑटोइम्यून डिसऑर्डर है जिसमें प्रतिरक्षा प्रणाली हेयर फॉलिकल्स पर हमला करती है, जिसके परिणामस्वरूप बाल झड़ जाते हैं, आमतौर पर गोल पैच में। बाल अक्सर एक वर्ष के भीतर वापस उग जाते हैं।

ट्रैक्शन एलोपेशिया: यह क्रमिक बालों के झड़ने, मुख्य रूप से बालों की जड़ों पर लगातार खींच या कर्षण के कारण होता है। यह आमतौर पर तंग पोनीटेल और ब्रैड्स के परिणामस्वरूप होता है, जिसे बाहर निकालने के लिए बालों पर खिंचाव पड़ता है और बाल टूट जाते हैं।

मेल पैटर्न बाल्डनेस: यह पुरुषों में बालों के झड़ने का सबसे आम प्रकार है। यह आमतौर पर सिर के बीचों बीच पर शुरू होता है।

फीमेल पैटर्न बाल्डनेस: महिलाओं में, बालों का पतला होना अक्सर बाल के एक हिस्से के केंद्र (हेयरलाइन) के चौड़ीकरण के रूप में शुरू होता है, मगर पुरुषो से अलग शायद ही कभी पूरी तरह से गंजेपन की और बढ़ता है।

पोस्टपार्टम एलोपेशिया: गर्भावस्था के दौरान हार्मोन में उतार-चढ़ाव होता है, और बाल फुलर और घने हो जाते हैं। हालांकि, महिलाओं को बच्चे की डिलीवरी के बाद बालों के झड़ने का अनुभव होता है जो अंततः उपचार के बिना सामान्य हो जाता है।

ट्रिकोटिलोमेनिया या ट्रिच: ट्रिच बालों को खींच कर बाहर निकालने के एक अनूठे आग्रह के रूप में चिह्नित है। लगातार बाल खींचना बालों के झड़ने का कारण बनता है।

टेलोजन एफ्लुवियम: एक प्रतिवर्ती स्थिति जिसमें तनावपूर्ण झटके के बाद जैसे सर्जरी के बाद बाल गिरने लगते हैं, बालों के आराम चरण में शुरुआती प्रवेश के परिणामस्वरूप बड़े पैच में अचानक बाल गिर सकते हैं। आमतौर पर, जब तनाव दूर हो जाता है, तो अक्सर बाल वापस उग जाते हैं।

टिनिआ कैपिटिस (रिंगवॉर्म/दाद): खोपड़ी का एक फंगल संक्रमण, जो की डर्माटोफाइट्स नामक फंगी से होता है, जो बालों के झड़ने के साथ खुजलीदार, पपड़ीदार त्वचा के गोल पैच बनाता है। वास्तव में टिनिया कैपिटिस में कीड़ा(वॉर्म) शामिल नहीं है; यह रिंगवॉर्म इसलिए कहा जाता है क्योंकि इसमें स्पॉट रिंग आकार में दिखाई देते हैं।

बालों के झड़ने का इलाज और रोकथाम कैसे करें?

1. अपने बालों के प्रकार के आधार पर नियमित रूप से सप्ताह में कम से कम 2-3 बार बालों को शैम्पू करें।
2. अपना सीबीसी (पूर्ण रक्त गणना) प्राप्त करें, सीबीसी एक रक्त परीक्षण है जिसका उपयोग थायरॉयड रोग, और एनीमिया जैसी अंतर्निहित चिकित्सा स्थितियों का मूल्यांकन करने के लिए किया जाता है।
3. बालों के विकास को बढ़ावा देने के लिए अपने आहार में आयरन और विटामिन बी से भरपूर भोजन को शामिल करें।
4. अपनी उंगलियों का उपयोग करके गर्म तेल (नारियल तेल, बादाम का तेल, और जैतून का तेल) के साथ अपने खोपड़ी की मालिश करें। यह हेयर फॉलिकल्स के रक्त परिसंचरण के प्रवाह को बढ़ाता है, आपकी स्कैल्प की स्थिति और बालों के विकास को बढ़ावा देता है।

5. हेयर ट्रीटमेंट जैसे कलरिंग और स्ट्रेटनिंग से जितना हो सके बचें।
6. अपने हीटिंग टूल्स के उपयोग को सीमित करें। यदि आपको वास्तव में उपयोग करने की आवश्यकता है, तो इसे सबसे कम गर्मी वाले सेटिंग पर रखें।
7. अपने बालों और खोपड़ी पर एलोवेरा लगाए, इसे लगभग 45 मिनट तक छोड़ दें और सामान्य पानी से धुल लें। बेहतर परिणाम के लिए सप्ताह में कम से कम दो बार ऐसा करें।

सिर के जूं

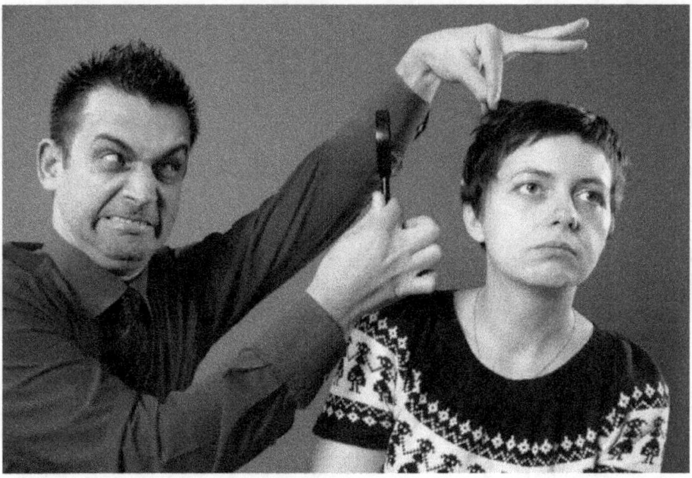

सिर की जूं और लीख सिर के बाल के संक्रमण होते हैं। जूं एक परजीवी है जो एक तिल के आकार के बराबर होता है और भूरे, गहरे भूरे या सफेद रंग के हो सकता हैं। जूं संक्रमण आम हैं, खासकर बच्चों में। वे संक्रमित लोगों के बालों के सीधे संपर्क से फैलते हैं। जूं के काटने से खुजली आम है।

सिर के जूं केवल मानव सिर के बालों पर जीवित रहने में सक्षम हैं क्योंकि वे केवल मानव रक्त पर फ़ीड करते हैं। मानव मेजबान के बिना, वे तीन दिनों से

ज्यादा जीने में असमर्थ हैं। सिर के जूं किसी भी बीमारी को फैलाने के लिए नहीं जाने जाते। किसी व्यक्ति के पहले संक्रमण के दौरान, हो सकता है कि खुजली छह सप्ताह तक विकसित न हो।

जूं के कारण

1. यह संक्रमित व्यक्ति के बालों के साथ सिर से सिर के संपर्क से फैलता है।
2. हेड-टचिंग आइटम जैसे कंघी, टोपी, स्कार्फ, तौलिया और ईयरबड्स साझा करने से भी फैलता है।

सिर के जूं से कैसे बचे और छुटकारा कैसे पाएं?

1. अपने शैम्पू की बोतल में टी ट्री ऑयल की 15-20 बूंदें डालें। यह जूं को दूर भगाता है।
2. अपने बालों की गर्म नारियल तेल और नीम के तेल से धीरे धीरे मालिश करें। दोनों तेलों में एंटीबायोटिक गुण होते हैं और जूं को रोकने के लिए जाने जाते हैं। तेल से उपचारित बालों को जुएं वाली कंघी की मदद से झाड़े। तेल निट्स गतिविधि को धीमा कर देता है, और वे आसानी से बाहर निकल आते हैं।
3. जूं मेन्थॉल, नीलगिरी, लैवेंडर और रोज़मेरी तेल जैसे आवश्यक तेलों (एसेंशियल ऑयल्स) की गंध को नापसंद करते हैं।
4. एसेंशियल आयल स्प्रे का उपयोग करें। 30 मिलीलीटर पानी लें और इसमें 5-6 बूंदें आवश्यक तेल की डालें। इस घोल को स्प्रे बोतल में भर लें। पेपरमिंट, नीलगिरी, लैवेंडर और रोजमेरी जैसे आवश्यक तेल से जूँए आसानी से अपनी पकड़ छोड़ देते हैं।
5. अपने स्थानीय फार्मेसी से एंटी लाइस (जूँ मारने वाला) शैम्पू खरीदें। शैम्पू लगाने के बाद, अपने बालों को प्लास्टिक की थैली से लपेटें और इसे आधे घंटे के लिए बैठने दें, इससे जूंओ की गतिविधियां

धीमी हो जाएगी। बाद में, जुएं वाली कंघी से झाड़ते हुए जूँ और अंडे बाहर निकाले और अच्छे से बालों को धो लें। अंत में, गर्म पानी में कपड़े, बेडशीट और पिलो-कवर को धोए और कंघी को उबलते पानी में साफ करें। उचित देखभाल के साथ, आप उन्हें वापस आने से रोक सकते हैं।

तैलीय बाल

अति सक्रिय वसामय ग्रंथियां (सिबेसियस ग्लैंड्स) आपके तैलीय बालों के पीछे का कारण हैं। सिबेसियस ग्लैंड्स सीबम बनाती हैं, सीबम वो प्राकृतिक तेल है जो बालों को चिकना, स्वस्थ रखता है और इन्हें सूखने और टूटने से बचाता है। हालांकि, बहुत ज्यादा सीबम बालों को तैलीय बनाने का कारण बन सकता है। अत्यधिक तैलीय स्कैल्प रूसी का कारण बनती है।

तैलीय बालों के कारण क्या हैं?

1. अपने बालों को बार बार छूना

आपके बालों को बहुत अधिक स्पर्श करना आपके हाथों से तेल को आपके बालों में स्थानांतरित करता है, जिससे यह तैलीय हो जाते है।

2. बहुत ज्यादा कंघी करना

जब आप अपने बालों को कंघी करते हैं, तो यह हेयर फॉलिकल्स में रक्त के प्रवाह को बढ़ाता है, लेकिन यह वसामय ग्रंथियों को भी उत्तेजित करता है जिससे अधिक सीबम का उत्पादन होता है और बाल तैलीय हो जाते हैं।

3. अस्वास्थ्यकर खाने की आदतें

आप जो खाते हैं वह आपके बालों के स्वास्थ्य को प्रभावित करता है। जब आप ऐसे खाद्य पदार्थ खाते हैं जो सैचुरेटेड फैट में उच्च होते हैं, तो उससे बाल तैलीय हो जाते हैं।

4. जलवायु

जिस क्षेत्र में आप रहते हैं, वह तैलीय बालों के लिए एक और योगदान कारक हो सकता है। गर्म मौसम में वसामय ग्रंथियां अति सक्रिय हो जाती हैं। नमी का उच्च स्तर भी तैलीय स्कैल्प का कारण हो सकता है।

5. हार्मोनल परिवर्तन

कुछ लड़कियों को पीरियड्स के पहले दिन में तैलीय बालों का अनुभव हो सकता है। एण्ड्रोजन नामक हार्मोन में वृद्धि के कारण मासिक धर्म से पहले सीबम उत्पादन वास्तव में बढ़ जाता है। यह आपके तैलीय बालों का संभावित कारण हो सकता है।

6. आपके शैम्पू में तेल हो सकता है

कुछ शैंपू में चमकदार बालों के लिए प्राकृतिक तेल जैसे जैतून का तेल होते हैं, लेकिन यदि आपके बाल पहले से ही तैलीय हैं, तो यह आपके बालों को और भी तैलीय बना सकता है। शैम्पू खरीदने से पहले लेबल की जाँच करें।

बालों को तैलीय होने से कैसे रोकें?

1. उन खाद्य पदार्थों को खाने से बचें जो सैचुरेटेड फैट में उच्च हैं।
2. विटामिन बी2 और बी7 से भरपूर खाद्य पदार्थों को अपने आहार में शामिल करें। यह आपके सीबम उत्पादन को नियमित करने में मदद करता है।
3. अपने बालों में बार बार तेल न लगाए, इसे सप्ताह में एक बार ही लगाएं ।
4. अपने बालों को हफ्ते में कम से कम 2-3 बार धोएं।
5. ऐसे शैम्पू और कंडीशनर का प्रयोग करें जिसे विशेष रूप से तैलीय बालों के लिए बनाया गया हो, जिसमें कोई तेल मौजूद न हो।
6. अपने शॉवर के अंत में पतले किए हुए सिरके के साथ अपने बालों को धोएं। यह आपकी स्कैल्प के पीएच संतुलित करने और सीबम उत्पादन को नियंत्रित करने में मदद करेगा।
7. टैल्कम पाउडर और अन्य पाउडर भी तेल को सोखने में उपयोगी होते हैं, लेकिन यह आपके तैलीय बालों के लिए अंतिम मिनट सुझाव हैं। जितनी जल्दी हो सके अपने बालों को शैम्पू से धो लें अन्यथा यह आपके स्कैल्प पर बिल्डअप का कारण बनेगा।

रूखे बाल

क्यों बाल रूखे हो जाते हैं?

पर्याप्त नमी न होने पर बाल सूख जाते हैं। कभी-कभी, खोपड़ी में वसामय ग्रंथियां पर्याप्त सीबम नहीं बनाती हैं, सीबम वो प्राकृतिक तेल है जो बालों को चिकनाई देता है और आपके बालों को नमीयुक्त रखता है और चमकदार दिखाता है। चूँकि बालों में पर्याप्त तेल नहीं होता है, इसलिए यह रूखे दिखते हैं।

बालों की क्षतिग्रस्त छल्ली परत (क्युटिकल लेयर) भी रूखे बालों को जन्म दे सकती है। छल्ली बालों की सबसे बाहरी सुरक्षात्मक परत है। यह बालों को पर्यावरण प्रदूषण, गंदगी और सूरज की क्षति से बचाती है; यह बालों में नमी को लॉक रखने में भी मदद करती है। जब यह परत क्षतिग्रस्त हो जाती है, तो यह अपनी करीबी संरचना खो देती है जिससे प्राकृतिक तेल बालों से खोने लगता है और बाल रूखे हो जाते हैं।

कौन से कारक रूखे बालों का नेतृत्व करते हैं?

1. आनुवंशिकी

कभी-कभी यह आपकी गलती नहीं होती कि आपके बाल रूखे हैं। रूखे बालों के लिए न तो आपकी कोई आदत और न ही कोई रसायन जिम्मेदार होता है, यह इसलिए होता है क्योंकि यह आपको अपने माता-पिता से विरासत में मिला है। यदि आपके माता-पिता में किसी के भी या दोनों के बाल रूखे हैं, तो इसकी अधिक संभावना है कि आपके भी बाल रूखे होंगे।

2. बालों को बार बार धोना

अपने बालों को धोना एक स्वस्थ आदत है, लेकिन अधिक मात्रा में बाल धोना आपके बालों से प्राकृतिक तेलों को दूर कर सकता है।

3. रसायन युक्त शैम्पू

आपके बालों को अच्छा लुक देने के लिए, शैंपू बनाने वाली कंपनियां, शैंपू में कभी-कभी बहुत सारे रसायन मिलाती हैं जो आपके बालों की खामियों को एक अच्छा कवर प्रदान करता हैं, लेकिन लंबे समय में, यह बालों को नुकसान पहुँचाता है और उन्हें रुखा बनाता है।

4. पर्यावरण प्रदूषण

जब आपके बाल बहुत सारी गंदगी, प्रदूषण या सूरज का सामना करते हैं, तो वो रूखे हो जाते हैं।

5. गर्म उपकरण

कर्लिंग आइरन, हेयर स्ट्रेटनर या ब्लो-ड्रायिंग के ज्यादा इस्तेमाल से आपके बालों की छल्ली परत (क्युटिकल लेयर) क्षतिग्रस्त हो जाती हैं और हीट से बालों की नमी सूख जाती है।

6. अल्कोहल-आधारित उत्पादों का ज्यादा प्रयोग

अल्कोहल-आधारित स्टाइलिंग उत्पादों का अत्यधिक उपयोग बालों को डीहाइड्रेट करता है।

रूखे बालों से बचाव और इसका इलाज?

1. यदि आपके बाल रूखे हैं, तो सप्ताह में एक या दो बार ही अपने बालों को धोएं।
2. शैम्पू से पहले अपने स्कैल्प में नारियल तेल से मालिश करें और कम से कम 45 मिनट के लिए छोड़ दें, इससे बालों की नमी फिर से लौट आएगी।
3. या तो कम से कम रसायन वाले प्राकृतिक शैम्पू का उपयोग करें या उपयोग करने से पहले अपने शैम्पू को पानी मिला कर पतला करें। शैम्पू की लगभग आधी मात्रा लें जो आप आमतौर पर लगाते हैं और इसे लगभग एक-चौथाई कप पानी में मिलाये। अपने हाथों से इसमें झाग बनाएं और अपने नियमित शैम्पू के स्थान पर इस पतले किए हुए शैम्पू का उपयोग करें।
4. शैम्पू के बाद ऐसा कंडीशनर लगाएं जिसमें आर्गन तेल और जैतून का तेल हो। इससे क्यूटिकल्स जुड़े रहेंगे, और प्राकृतिक तेल इसमें सील रहेंगे।
5. ऐसे हेयर प्रोडक्ट्स का इस्तेमाल करें जिनमें अल्कोहल न हो।

ध्यान दें

इन समाधानों को आजमाने के बाद भी, यदि आपके बालों की स्थिति नहीं सुधरती है या बालों की समस्या कमजोरी, थकान, अत्यधिक बालों के झड़ने या ठंडे से असहिष्णुता के साथ होती है, तो तुरंत अपने डॉक्टर से मिलके इसके अंतर्निहित कारण को निर्धारित करे और सुनिश्चित करें कि कही ये आपको किसी अन्य स्वास्थ्य समस्या के कारण तो नहीं हो रहा।

3

आहार योजना और जीवनशैली गाइड ऋतुओ के अनुसार:

शीत, ग्रीष्म, और वर्षा ऋतु

आहार योजना और जीवनशैली गाइड ऋतुओ के अनुसार: शीत, ग्रीष्म, और वर्षा ऋतु

शीत ऋतु

इस मौसम की ठंडी हवा आपके बालों और खोपड़ी को रूखा कर सकती हैं।

जीवनशैली गाइड

1. अपने बालों और स्कैल्प को डिहाइड्रेशन से बचाने के लिए खूब पानी पिएं।
2. सर्दियों में बाहर जाते समय टोपी पहनें। सुनिश्चित करें कि यह बहुत तंग नहीं हो अन्यथा यह आपके खोपड़ी में रक्त परिसंचरण को प्रतिबंधित करते हुए बालों के झड़ने का कारण बन सकता है।
3. अपने स्कैल्प और बालों पर नियमित रूप से तेल लगाएं। सर्दियों के मौसम के दौरान, आपका स्कैल्प सूख जाता है, जो वसामय ग्रंथियों (सिबेसियस ग्लैंड्स) को और अधिक सीबम बनाने के लिए मजबूर करता है, जिससे आपकी खोपड़ी में जलन और रूसी हो सकती है।
4. अपने बालों को गर्म पानी से धोएं। सुनिश्चित करें कि पानी बहुत गर्म न हो वरना यह बालों से प्राकृतिक तेलों को छीन लेगा।
5. यदि आप पाते हैं कि आपके बाल बहुत रूखे हो रहे हैं, तो आप शैम्पू के बाद अपने कंडीशनर की मात्रा बढ़ा सकते हैं।
6. गीले बालों के साथ बाहर मत जाइये। ठंड का मौसम नमी को अवशोषित करके आपके बालों को रुखा बना सकता है। बाहर जाने से पहले बालों को प्राकृतिक रूप से सूखने दें।

आहार योजना

1. नट्स और सीड्स खाने का यह सबसे अच्छा सीजन है। ये प्रकृति में गर्म होते हैं और शरीर में गर्मी पैदा करते हैं। सर्दियों में नट्स का सेवन आपको ठंड से बचाएगा, आपके बालों की नमी को बनाए रखेगा, और इन्हे झड़ने से रोकेगा।
2. रोजाना 8 बादाम, 2 अखरोट, 8 पिस्ता और 5 काजू खाएं। यदि आप वजन घटाने की कोशिश कर रहे हैं, तो इन्हें हर एक दिन छोड़कर खाएं, या मात्रा कम करें।
3. सर्दी हरी पत्तेदार सब्जियों का मौसम है। खूब पालक, मेथी के पत्ते, बथुआ (चेनोपोडियम एल्बम) खाएं।
4. इस मौसम में अधिक रंगीन फल और सब्जियां खाएं, जैसे गाजर और शकरकंद।

ग्रीष्म ऋतु

गर्मी तैलीय बाल और स्कैल्प में खुजलियों का मौसम है।

जीवनशैली गाइड

1. दोपहर 1 से 4 बजे के बीच बाहर जाने से बचें।
2. बाहर निकलते समय अपने बालों को टोपी, या स्टोल से ढकें।
3. कठोर यूवी किरणों से अपने बालों को बचाने के लिए एसपीएफ सुरक्षा वाले कंडीशनर का उपयोग करें।
4. ग्रीष्म ऋतु अत्यधिक पसीने का मौसम होता है। शरीर से टॉक्सिन्स को निकालने के लिए खूब पानी पिएं। सुबह जागने के बाद सादा नींबू पानी (चीनी या नमक के बिना) पिएं।
5. अपने बालों को नियमित रूप से धोएं।
6. बालों की अच्छी स्वच्छता बनाए रखें।

7. अपने बालों पर मेहंदी लगाएं। यह आपके स्कैल्प को ठंडक देगा और साथ ही आपके बालों को पोषण भी देगा।

आहार योजना

1. हर रोज नींबू पानी पिएं।
2. अंकुरित अनाज खाएं जैसे मूंग, काले चने और साबुत अंकुरित अनाज।
3. यह आमों का मौसम है। एक दिन में 3 आम तक खाएं। यदि आप अपने वजन घटाने के मिशन पर हैं, तो मात्रा को एक तक सीमित करें।
4. अपने आहार में दही को शामिल करें। अपने दही में चिया सीड्स मिलाएं। उपयोग करने से पहले चिया सीड्स को जरूर भिगोए।
5. अपने स्वस्थ और तेजी से बालों के विकास के लिए अंगूर और अनानास खाएं।

वर्षा ऋतु

यह मौसम वातावरण में अधिक नमी के कारण आपके फंगल संक्रमण को बढ़ा सकता है।

जीवनशैली गाइड

1. वर्षा जल अक्सर प्रदूषकों से भरा होता है। अपने बालों से किसी भी गंदगी और दूषित को हटाने के लिए सप्ताह में 2-3 बार अपने बालों को शैम्पू करें।
2. इस मौसम में कंडीशनर बहुत जरूरी है। हर बार जब आप अपने बालों को शैम्पू करते हैं तो ऑलिव ऑयल और आर्गन ऑयल युक्त कंडीशनर का इस्तेमाल करें।

3. अपने बालों में नियमित रूप से तेल लगाएं, लेकिन इसे लंबे समय तक न रखें, इससे आपकी स्कैल्प पर जलन हो सकती है।
4. ऐसे हेयर प्रोडक्ट्स का इस्तेमाल करें जिनमें अल्कोहल न हो।
5. शॉवर के अंत में अपने बालों को पानी मिलाकर पतला किये हुए एप्पल साइडर विनेगर से धोएं। यह आपके फ्रिज़ी बालों को चमक देगा।
6. अगर आप अपने बालों के सिरे पर कोई नुकसान देखते हैं, तो उन्हें ट्रिम करवा लें। यदि आप उन छोरों को नहीं काटते हैं, तो वे हेयर शाफ्ट को पूरी तरह से विभाजित कर देंगे, जिससे आपके बालों को अधिक नुकसान होगा।

आहार योजना

1. गीले मौसम में बाल आसानी से खराब हो जाते हैं। इस मौसम में खूब प्रोटीन खाएं। प्रोटीन आपके बालों के रोम को मजबूत करेगा और बालों को मजबूत और अटूट बनाएगा।
2. सोयाबीन और सोया उत्पाद जैसे टोफू, सोया दूध का सेवन करें।
3. अपने आहार में ब्लूबेरी शामिल करें। ब्लूबेरी बालों के विकास को प्रोत्साहित करता है और समय से पहले होने वाले सफेद बालों को रोकता है।
4. अमरूद और अमरूद के पत्ते खाएं। अमरूद की पत्तियों में विटामिन सी होता है, जो कोलेजन गतिविधि को बढ़ावा देता है जिससे बाल तेजी से बढ़ते है और स्वस्थ रहते हैं।

4

रेसिपीज

जो बालों के स्वास्थ्य और विकास को बढ़ावा देते हैं

बीन सलाद

(ला फॉनसिएर की ओरिजनल रेसिपी)

सामग्री:

काबुली चने/ छोले - **75** ग्राम

काले चने - **75** ग्राम

राजमा - **75** ग्राम

मूंगफली - ½ कप

प्याज - **1** मध्यम

सोया सॉस - **3** बड़े चम्मच

काली मिर्च पाउडर - एक चुटकी

नमक स्वादअनुसार

अमचूर - ½ चम्मच

विधि:

1. छोले, राजमा और काले चनो को अलग-अलग धो लें। उन्हें लगभग **8-10** घंटे के लिए गर्म पानी में भिगोएँ।
2. 8-10 घंटे के बाद, वे आकार में डबल हो जाएंगे। उन्हें ताजे पानी से धोएं।
3. मूंगफली को 2 घंटे के लिए पानी में भिगो दें। भीगी हुई मूंगफली एक अद्भुत स्वाद देती है।
4. अब एक प्रेशर कुकर लें, इसमें सभी भीगी हुई सामग्री डालें, लगभग **1** कप पानी और एक चुटकी नमक डालें। ढक्कन को बंद करें और नर्म होने तक पकाएं। तीन सीटी आने के बाद आंच बंद कर दें।
5. छोले, राजमा, काले चने, और मूंगफली के पकने के बाद, उन्हें एक कटोरे में लें, कोई भी अतिरिक्त पानी निकाल दें। नमक मिलाये (याद रखें कि आपने उबालते समय नमक डाला है, इसलिए मात्रा का ध्यान रखें), साथ ही सोया सॉस, काली मिर्च, और अमचूर मिलाये। इसे **4-5** घंटे के लिए मैरीनेट करें।
6. अब बारीक कटा हुआ प्याज डालें, और यह खाने के लिए तैयार है।

पोषण तथ्य

बीन्स (काबुली चने, **राजमा**, **और काले चने):** बीन्स प्रोटीन का एक बड़ा स्रोत हैं, जो बालों का निर्माण खंड है। पर्याप्त प्रोटीन के बिना, बाल बहुत कमजोर हो जाते हैं, और इनके टूटने का खतरा बढ़ जाता है। बीन्स जिंक का एक अच्छा स्रोत हैं, जो बालों के विकास और मरम्मत चक्र को प्रभावित करता है, और रूसी को रोकता है।

मूंगफली: मूंगफली बायोटिन से भरी होतीं हैं जो बालों के विकास और संपूर्ण स्कैल्प के स्वास्थ्य को बढ़ावा देती है। इसकी कमी ब्रिटल हेयर पैदा कर सकती है। मूंगफली में मौजूद अमीनो एसिड्स और प्रोटीन स्वस्थ बालों के विकास में मदद करते हैं। मूंगफली की प्रकृति गर्म होती है और यह शरीर में गर्मी पैदा करती है। उपयोग से पहले मूंगफली भिगोने से इसकी गर्मी कम हो जाती है।

प्याज: प्याज में सल्फर होता है जो बालों के टूटने और पतले होने को कम करता है। बालों के रोम के पुनर्जनन के लिए सल्फर आवश्यक है। प्याज सिर में रक्त परिसंचरण में सुधार करता है, बालों के विकास को बढ़ावा देता है।

काली मिर्च: काली मिर्च विटामिन ए, आयरन और एंटीऑक्सिडेंट जैसे फ्लेवोनोइड्स और कैरोटीनॉयड से भरपूर होतीं हैं। काली मिर्च में ये आवश्यक पोषक तत्व बालों को मजबूती और सुरक्षा प्रदान करते हैं।

क्रंची चॉकलेट ओट्स ड्रॉप्स

(ला फॉनसिएर की ओरिजनल रेसिपी)

सामग्री:

डार्क चॉकलेट कंपाउंड - **100** ग्राम

ओट्स (जई) - **1** कप

कटे हुए बादाम - ¼ कप

कटे हुआ अखरोट - ¼ कप

मैरी बिस्किट - **3**

मिल्क पाउडर - **15** ग्राम

दूध - **50** मिली

* इस रेसिपी में कप का साइज - **200** मिलीलीटर कप

विधि:

1. एक बर्तन को कई इंच पानी के साथ गर्म करें और उसके ऊपर चॉकलेट के साथ एक और कटोरा रखें।
2. चॉकलेट को कटोरे में पिघलने दें और बीच बीच में हिलाएं।
3. जब चॉकलेट पूरी तरह से पिघल जाए तो इसे आंच से हटा दें।
4. इसमें मिल्क पाउडर और दूध मिलाएं और इसे तब तक हिलाते रहें जब तक इसका टेक्सचर चिकना न हो जाए। इसे कुछ मिनट तक ठंडा होने के लिए अलग रख दें।
5. अब एक पैन लें। इसे गर्म करे। गर्म होने पर आंच को मध्यम कर दें और इसमें ओट्स, बादाम, और अखरोट डालें। धीरे-धीरे हिलाये। हिलाते रहें अन्यथा ओट्स जलने लगेंगे। दो मिनट के बाद, पैन में मैरी बिस्कुट के टुकड़े डालें।
6. इसे तब तक रोस्ट करें जब तक यह एक सुखद सुगंध न दे दे और थोड़ा भूरा होने लगे। आंच बंद कर दें और पैन को एक तरफ रख दें। इसे ठंडा होने दें।
7. मिक्सचर के ठंडा हो जाने पर, पिघले हुए चॉकलेट में भुने हुए ओट्स, बादाम, अखरोट और बिस्कुट डालकर अच्छी तरह मिलाएँ। चॉकलेट को सभी सामग्रियों को अच्छी तरह से कोट करना चाहिए।
8. इस मिश्रण को एक प्लेट में डालें और इसे स्पैटुला के मदद से सपाट करें। ठंडा होने से पहले कुकी कटर से अपने मन पसंद आकार में काटें।
9. 2 घंटे के लिए फ्रिज में ठंडा करें और स्वादिष्ट क्रंची चॉकलेट ओट्स ड्रॉप्स खाने के लिए तैयार हैं।

टिप्स: चॉकलेट को कभी भी सीधी लौ पर पिघलाने की कोशिश न करें; यह चॉकलेट को जला देगा। हमेशा डबल बॉयलर का उपयोग करें।

* डार्क चॉकलेट कंपाउंड में पहले से ही चीनी होती है इसलिए अतिरिक्त चीनी डालने की आवश्यकता नहीं होती है।
* पिघली हुई गर्म चॉकलेट में ओट्स का मिश्रण न डालें। इससे ओट्स दलिया में बदल जाएगा, और अपना कुरकुरा पन खो देगा।

पोषण तथ्य

ओट्स: ओट्स एक ग्लूटन फ्री साबुत अनाज है और आवश्यक विटामिन, खनिज, फाइबर और एंटीऑक्सिडेंट का एक बड़ा स्रोत है। ओट्स आयरन और जिंक का एक अच्छा स्रोत है जो बालों के लिए आवश्यक खनिज हैं। इन खनिजों की कमी से बालों का झड़ना शुरू हो सकता है।

बादाम और अखरोट: बादाम विटामिन ई का एक बड़ा स्रोत है जो आपके बालों को मजबूत करता है, साथ ही रूसी और बालों को नुकसान से बचाता है। अखरोट का तेल इलास्टिन की मात्रा में योगदान देता है, इलास्टिन एक प्रोटीन है जो आपके बालों में इलास्टिसिटी के लिए जिम्मेदार होता है इसलिए उन्हें टूटने से रोकता है। नट्स ओमेगा -3 फैटी एसिड्स का एक बड़ा स्रोत हैं, जो बालो को चिकनाहट प्रदान करते हैं, आपके बालों को पोषण देते हैं और आपके बालों को मोटाई और चमक देते हैं।

डार्क चॉकलेट: डार्क चॉकलेट कॉपर, जिंक और आयरन से भरपूर होता है। ये खनिज कोशिका नवीकरण वृद्धि प्रक्रिया और स्वस्थ बालों के विकास को बढ़ावा देते हैं। डार्क चॉकलेट एंटीऑक्सिडेंट का एक समृद्ध स्रोत है जो शरीर में फ्री रेडिकल्स से लड़ता है और बालों की उम्र बढ़ने की प्रक्रिया को धीमा करता है।

दूध और मिल्क पाउडर: दूध और दूध के उत्पाद प्रोटीन, विटामिन डी और कैल्शियम में उच्च होते हैं। इसके अलावा, दूध विटामिन बी12 का एक उत्कृष्ट स्रोत है। विटामिन बी12 में कमी से समय से पहले बाल सफेद हो सकते हैं और एनीमिया हो सकता है, जो बालों के झड़ने, टेंगलेस और खुरदरे होने का एक सामान्य कारण है।

पालक पनीर

सामग्री:

पालक के पेस्ट के लिए:

ताजा पालक - **250** ग्राम (लगभग **2** कप)

अदरक - **1** इंच

लहसुन - **2**

हरी मिर्च - **3**

नींबू का रस - **1** बड़ा चम्मच

पानी - **5** कप

अन्य सामग्री:

पनीर क्यूब्स - **10** से **12**

प्याज का पेस्ट - **1** कप

टमाटर प्यूरी - ½ कप

नमक स्वादअनुसार

घी/मक्खन - **2** बड़े चम्मच

मूंगफली का तेल - **2** बड़े चम्मच

लाल मिर्च पाउडर - **1** चम्मच या स्वादानुसार

कसा हुआ अदरक - **1** बड़ा चम्मच

कटा हुआ लहसुन - **2** बड़े चम्मच

गरम मसाला - **1** बड़ा चम्मच

लौंग - **2**

तेज पत्ता - **1**

पानी - ¼ कप, यदि आवश्यक हो

विधि:

1. ब्लाँचिंग के लिए पानी का एक बड़ा बर्तन उबालने के लिए रखे। इसमें ताजे पालक डाले और इसे अच्छे तरह से पानी में डुबों दें। एक चुटकी नमक और नींबू का रस मिलाएं।

2. पालक के पत्तों को तब तक पकाए जब तक की वो नर्म हो जाएं (लगभग **1** मिनट)। अब तुरंत ही ठंडे पानी के एक कटोरे में डाल दें। इसे **5** मिनट के लिए छोड़ दें। ऐसा करने से पालक अपना गहरा हरा रंग नहीं खोएगा।

3. पालक को पानी से निकाल लें।

4. बिना अतिरिक्त पानी मिलाए ब्लांच की हुई पालक, अदरक, लहसुन और हरी मिर्च को पीस लें और चिकनी पेस्ट बना लें। इस पेस्ट को एक तरफ रख दें।

5. एक पैन में **1** बड़ा चम्मच तेल गरम करें और पनीर को सुनहरा भूरा होने तक भूनें।

6. पनीर को निकल ले। एक और बड़ा चम्मच तेल डालें और जीरा भून लें, अब इसमें तेज पत्ता और लौंग डालें।

7. जब ये तड़कने लगे तो अदरक, लहसुन डाल के थोड़ा भूरा होने तक पकाएं।
8. प्याज का पेस्ट डालें। मध्यम आंच पर तेल छोड़ने तक लगभग **5-7** मिनट पकाएं।
9. टमाटर प्यूरी डालें और **5** मिनट के लिए पकाएं।
10. गरम मसाला, लाल मिर्च पाउडर और नमक डालें। मध्यम आंच पर **3** मिनट तक पकाएं।
11. तैयार पालक का पेस्ट डालें और **5** मिनट तक पकाएं। ओवरकुक नहीं करे वरना पालक अपना रंग खो देगा।
12. अब मिश्रण में पनीर क्यूब्स डालें और तब तक पकाएं जब तक कि पनीर फ्लेवर अब्सॉर्ब न कर लें।
13. आंच बंद कर दें और आपके पास जो भी उपलब्ध हो, गर्म घी या मक्खन, उसके **2** छोटे चम्मच मिलाएं, अच्छी तरह मिलाएं और गर्म परोसें।
14. पालक पनीर को रोटी, नान या ब्राउन राइस के साथ खाएं।

पोषण तथ्य

पालक: पालक आयरन, बीटा-कैरोटीन, कैल्शियम, विटामिन बी9, सी और फाइबर से भरपूर होता है। ये पोषक तत्व स्वस्थ बालों के विकास को सुनिश्चित करते हैं। पालक का नियमित सेवन एनीमिया को रोक सकता है और बालों के रोम में ऑक्सीजन की आपूर्ति बढ़ाता है, जिससे बाल सभी सही पोषक तत्वों के साथ शीर्ष स्थिति में रहते हैं।

पनीर: पनीर प्रोटीन से भरपूर है। प्रोटीन बालों को शक्ति प्रदान करता है और इन्हे टूटने और विभाजित होने से बचाता है साथ ही बाल गिरने की संभावना भी कम करता है। इसके अलावा, पनीर विटामिन बी12 का एक उत्कृष्ट स्रोत है, जो समय से पहले सफ़ेद बाल और बालों के झड़ने को रोकता है।

मशरूम: मशरूम में सेलेनियम होता है जो स्वस्थ बालों के लिए महत्वपूर्ण है। सेलेनियम मालासेज़िया को मार सकते हैं, जो की खोपड़ी पर मौजूद एक फंगस है जो रूसी पैदा करने के लिए जिम्मेदार होता है। मशरूम में आयरन और तांबे के उच्च स्तर भी होते हैं। आयरन एनीमिया को रोकता है, और तांबा भोजन से आयरन के अवशोषण में मदद करता है।

प्याज: प्याज में सल्फर होता है जो बालों के टूटने और पतले होने को कम करने में मदद करता है। बालों के रोम के पुनर्जन्म के लिए सल्फर आवश्यक है। प्याज खोपड़ी में रक्त परिसंचरण में सुधार करता है, बालों के विकास को बढ़ावा देता है।

टमाटर: टमाटर विटामिन सी का एक समृद्ध स्रोत है जो बालों के विकास को बढ़ावा देता है। इसके अतिरिक्त, टमाटर में विटामिन ए, बी, और ई होते हैं, जो बालों के झड़ने को रोकने में मदद करते हैं, प्राकृतिक चमक देते हैं और रूसी का इलाज करने में मदद करते हैं।

मसाले: जड़ी-बूटियाँ और मसाले न केवल बालों के लिए बल्कि संपूर्ण स्वास्थ्य के लिए भी अच्छे हैं। मसाले बालों के रोम में रक्त के प्रवाह को बढ़ाते हैं, और रक्त तेजी से, स्वस्थ बालों के विकास के लिए आवश्यक पोषक तत्व बालों में पहुँचाता है।

तिल, मूंगफली और नारियल की चिक्की

सामग्री:

काला तिल - ½ कप

सफेद तिल - ½ कप

भुनी हुई मूंगफली - **1** कप

भुना हुआ नारियल का बुरादा - **1** कप

गुड़ - **3** कप

विधि:

1. गुड़ को छोड़कर प्रत्येक सामग्री को एक एक कर सूखा भूनें जब तक कि वह सुगंध न दे और थोड़ा भूरा न हो जाए।
2. मूंगफली की बाहरी परत को हटा दें। बाहरी त्वचा को हटाने के लिए अपने हाथों के बीच में मूंगफली रगड़ें। चॉपर की मदद से दरदरा पीस लें।

3. एक भारी तले वाले पैन में, गुड़ डालें। आंच को मध्यम कर दें और इसे पूरी तरह से पिघलने दें।
4. एक बार जब सारा गुड़ पिघल जाए, तो मध्यम आंच पर **2** मिनट से ज्यादा न पकाएं।
5. आंच को कम करें और पिसी हुई मूंगफली, भुने हुए काले और सफेद तिल और भुने हुए नारियल को पिघले हुए गुड़ में मिलाएं। सभी सामग्रियों को एक समान मिलने तक अच्छी तरह मिलाएं। आंच को बंद कर दें।
6. अब मिश्रण को घी लगी प्लेट पर फैलाएं। इसे वैक्स पेपर से ढक दें। इसे समान रूप से फैलाने के लिए एक रोलिंग पिन का उपयोग करें। इसे पूरी तरह से ठंडा होने दें।
7. **5** मिनट के बाद, एक तेज चाकू से अपने किसी भी इच्छित आकार में काटें और तिल, मूंगफली और नारियल की चिक्की का आनंद लें।

टिप्स: सभी सामग्री को भूनना एक महत्वपूर्ण कदम है क्योंकि भूनने से इनका स्वाद बढ़ जाता है।

* गुड़ को ज्यादा पकाएं नहीं, यह आपकी चिक्की को चबाने में कठिन और असंभव बना देगा। हमें अपनी चिक्की मुलायम चाहिए।

* हम काले तिल के साथ सफेद तिल भी शामिल कर रहे हैं क्योंकि काले तिल अकेले एक कड़वा स्वाद दे सकते हैं। अगर आपको थोड़ी कड़वाहट से कोई समस्या नहीं है, तो आप इस रेसिपी में ½ कप सफेद तिल को दूसरे ½ कप काले तिल से रिप्लेस कर सकते हैं।

पोषण तथ्य

तिल: तिल में भूरे बालों को फिर से काला करने की और स्वस्थ बालों के विकास को प्रोत्साहित करने की शक्ति होती है। यह मेलानोसाइट कोशिकाओं को मेलेनिन का उत्पादन करने के लिए बढ़ावा देता है - जो

आपके बालों के रंग के लिए जिम्मेदार पिगमेंट हैं। काले तिल में ओमेगा-3 जैसे आवश्यक फैटी एसिड्स होते हैं जो स्वस्थ बालों के विकास को प्रोत्साहित करते हैं और स्वस्थ स्कैल्प को बढ़ावा देते हैं।

मूंगफली: मूंगफली बायोटिन से भरी होती है जो बालों के विकास और संपूर्ण स्कैल्प के स्वास्थ्य को बढ़ावा देती है। बायोटिन की कमी ब्रिटल हेयर पैदा कर सकती है। मूंगफली में मौजूद अमीनो एसिड्स और प्रोटीन स्वस्थ बालों के विकास में मदद करते हैं।

नारियल का बुरादा: नारियल आपके बालों के लिए अच्छा होता है। नारियल आपके बालों को घना, लंबा और तेजी से बढ़ने में मदद करता है। नारियल में पाए जाने वाले विटामिन और आवश्यक फैटी एसिड्स स्कैल्प और बालों के रोम को पोषण देते हैं।

गुड़: किसी भी भोजन के साथ किसी भी रूप में गुड़ का नियमित सेवन एनीमिया से निपटने में मदद करता है। गुड़ अनरिफाइंड चीनी है; यह चीनी का शुद्धतम रूप है और बिना किसी सिंथेटिक रसायन के फलों के रस के साथ लोहे के बर्तन में तैयार किया जाता है। यह आयरन और फोलेट से भरपूर होता है, जो एनीमिया को रोकने और बालों को झड़ने से रोकने में मदद करता है, यहां तक कि नए बालों के निर्माण को भी बढ़ावा देता है।

लेखिका के बारे में

ला फॉनसिएर एक हिप हॉप डांस आर्टिस्ट, एक स्वास्थ्य ब्लॉगर और पुस्तक श्रृंखला ***ईट सो व्हाट*** की लेखिका हैं। ला फॉनसिएर फार्मास्युटिकल टेक्नोलॉजी में विशेष फार्मेसी में परास्नातक है। उन्होंने फार्माटेकमेडिका जर्नल में "फार्मास्युटिकल उपयोग के जैव प्रौद्योगिकी-व्युत्पन्न उत्पादों के उत्पादन के तकनीक" पर एक समीक्षा लेख प्रकाशित किया है। वह एक पंजीकृत राज्य फार्मासिस्ट है। वह वर्ष 2011 में राष्ट्रीय स्तर की जीपीएटी क्वालीफायर हैं और उस वर्ष वह देश भर के शीर्ष 1400 में शामिल थी। एक रिसर्च साइंटिस्ट होने के नाते, उन्होंने दवाइयों के साथ बहुत करीब से काम किया है। अपने अनुभव के आधार पर, वह मानती हैं कि शाकाहारी भोजन कई बीमारियों का इलाज है; पोषण आहार और स्वस्थ जीवनशैली के साथ अधिकांश बीमारियों को रोका जा सकता है।

ला फॉनसिएर द्वारा नोट

इस पुस्तक को पढ़ने के लिए धन्यवाद। मुझे खुशी है किसी ऐसे से मिलकर जो मेरी ही तरह स्वास्थ्य-सचेत है। लैक्टो वेजिटेरियन होने के नाते, मैं हमेशा स्वस्थ शाकाहारी भोजन विकल्पों को अपने आहार में शामिल करने की तलाश करती हूँ। आप मेरी पिछली किताबों में शाकाहारी खाद्य पदार्थों के बारे में सब कुछ जान सकते हैं, **ईट सो व्हॉट! स्मार्ट वेज़ तो स्टे हेल्दी** और **ईट सो व्हॉट! द पॉवर ऑफ़ वेजटेरियनिस्म**, आप जानेंगे मैक्रोन्यूट्रिएंट्स के महत्व, उनके स्रोत और कैसे पौधों पर आधारित शाकाहारी खाद्य पदार्थ एक रोग मुक्त स्वस्थ जीवन का समाधान हैं। ये पुस्तकें पेपरबैक के साथ-साथ सभी प्रमुख ऑनलाइन बुक स्टोर में ईबुक संस्करण में भी उपलब्ध हैं।

मुझे आशा है कि आपको मेरी पुस्तक उपयोगी लगी होगी। यदि आप मेरी पुस्तक का रिव्यु करते हैं तो मैं वास्तव में इसकी सराहना करूंगी; यह मुझे और अधिक स्वास्थ्य पुस्तकें लिखने के लिए प्रोत्साहित करेंगी।

ला फॉनसिएर

ला फॉनसिएर की अन्य पुस्तकें

ला फॉनसिएर से जुड़ें

Instagram: **@la_fonceur | @eatsowhat**

Facebook: **LaFonceur | eatsowhat**

Twitter: **@la_fonceur**

Amazon Author Page:

www.amazon.com/La-Fonceur/e/B07PM8SBSG/

Bookbub Author Page: **www.bookbub.com/authors/la-fonceur**

Sign up to my website to get exclusive offers on my books:

Health Blog: **www.eatsowhat.com**

Website: **www.lafonceur.com/sign-up**

www.ingramcontent.com/pod-product-compliance
Lightning Source LLC
LaVergne TN
LVHW051022051026
849532LV00004BA/1327